PREMIÈRE PARTIE

RÉPUBLIQUE D'HAÏTI

DOCUMENTS DIPLOMATIQUES

RELATIONS EXTÉRIEURES

AFFAIRE MAUNDER

(Nº 1)

PARIS

IMPRIMERIE CHAIX

IMPRIMERIE ET LIBRAIRIE CENTRALES DES CHEMINS DE FER

SOCIÉTÉ ANONYME

Rue Bergère, 20, près du boulevard Montmartre

1882

TABLE DES MATIÈRES

Correspondance entre la Légation Britannique et le Gouvernement Haïtien

Supplément

MESSAGE DU CONSEIL DES SECRÉTAIRES D'ÉTAT

AUX

CHAMBRES LÉGISLATIVES

Port-au-Prince, le   1882.

Messieurs les Sénateurs,

Messieurs les Députés,

Le Pouvoir Exécutif, en conformité d'un usage partout établi, a décidé de soumettre aux Chambres législatives la correspondance diplomatique relative à l'affaire Maunder.

Tant que la discussion était pendante et qu'il restait encore des points à éclaircir, une grande réserve nous était imposée. Il n'en est plus de même aujourd'hui que le débat a pris fin.

Notre Représentant à Londres avait, dans ce but, fourni les explications les plus concluantes au Foreign-Office, notamment par ses lettres du 29 juillet et du 18 octobre 1880, et lord Granville, dans une lettre du 21 décembre suivant au Secrétaire d'État des Relations Extérieures d'Haïti, reconnaissait que la correspondance échangée entre les deux Gouvernements avait épuisé la matière et il demandait que la discussion ne fût pas renouvelée.

Pour prévenir la possibilité même d'un malentendu, M. Villevaleix, dans sa lettre du 23 avril 1881, en réponse à une lettre du Foreign-Office du 11 du même mois, établissait de son côté que la discussion diplomatique sur les réclamations, soit du Gouvernement Haïtien, soit de Mme Maunder, était épuisée et il ajoutait que si, contre notre attente, les explications déjà fournies au Foreign-Office ne suffisaient pas pour terminer d'une manière équitable le litige survenu entre les deux Gouvernements, nous nous en tenions à notre proposition de le déférer à l'arbitrage de la France.

Le 11 mai 1881, dans une nouvelle lettre adressée au Principal Secrétaire d'État de S. M. Britannique, M. Villevaleix rappelait que la question des réclamations, soit de Mme Maunder, soit du Gouvernement Haïtien, se trouvant épuisée, il ne pouvait plus y revenir.

Or, loin de repousser une clôture que le comte Granville, du reste, avait lui-même demandée dans sa lettre du 21 décembre 1880, Sa Seigneurie, par sa réplique du 18 mai 1881, remerciait notre Ministre à Londres des explications que ce dernier lui avait fournies dans sa note rectificative du 11 mai 1881.

Ainsi, toute discussion diplomatique sur le fond étant définitivement close, selon le désir et avec l'assentiment du chef du Foreign Office, notre Représentant à Londres put reprendre la question de nationalité, mais en se plaçant, cette fois, au point de vue de la législation antérieure à 1860 sur le mariage entre Haïtiens et étrangers.

Cette dernière discussion fut close par sa lettre du 4 juin 1881 au noble lord et par la réplique de Sa Seigneurie du 10 juin de la même année.

Le dossier complet de cette affaire, de 1870 à 1882, ne comprend pas moins de cent vingt documents, dont quelques-uns fort volumineux.

La publication qui se prépare permettra aux Chambres d'apprécier en parfaite connaissance de cause non seulement les prétentions opposées des deux parties, mais les résultats définitifs acquis par une controverse de six ans et dont la clôture a été pleinement admise par le Foreign-Office, sur nos propres conclusions.

Sans vouloir, à cette occasion, entrer dans des détails qui, du reste, ont été pleinement élucidés par notre Ministre à Londres, soit dans sa lettre du 1er octobre 1878, accompagnant l'envoi d'un Mémoire au Marquis de Salisbury, soit dans ses lettres du 29 juillet et du 18 octobre 1880 au Comte Granville, nous nous bornerons ici à résumer, dans une revue d'ensemble, les phases diverses d'une affaire qui, par sa nature était du domaine du Droit Commun, bien que notre diplomatie ait eu à la discuter.

Première phase. — Mme Maunder, en acceptant le bail de la Tortue en 1870, renonçait à toute réclamation pour des pillages dont elle prétendait avoir été victime, lors des troubles civils sous Salnave, et s'engageait, comme le précédent concessionnaire, à payer à l'État 35 1/4 0/0 avant tout enlèvement de ses produits de ferme. Mais cette clause vitale ayant été violée par elle, elle fut, en décembre 1874, assignée en justice pour s'entendre condamner à payer ses redevances et à déguerpir de la Tortue.

Le Gouvernement du général Domingue estimait que le Contrat Devèze était expiré depuis 1873 et que la dame Maunder n'était que tolérée dans l'île de la Tortue. Sur un déclinatoire de la défenderesse, le Tribunal civil du Port-au-Prince se déclara incompétent et renvoya l'État à se pourvoir devant des arbitres.

Or, Mme Maunder s'enfuit à la Jamaïque et un jugement arbitral devint en conséquence impossible.

Deuxième phase. — En 1876, à la chûte de Domingue, elle présentait par voie diplomatique une contre réclamation de 682,000 piastres environ, basée sur les anciennes spoliations imputées à Salnave et sur l'usurpation d'un sieur Arnoux, mandataire de la maison Miége de Paris, qui, selon elle, s'était installé à la Tortue, de connivence avec le Gouvernement de Domingue, alors qu'elle l'y avait appelé elle-même en vertu d'un Contrat de participation.

Pour ces causes, elle formulait les quatre chefs suivants de réclamation :

1° Paiement d'une somme de £ 54528 : 16 : 10, montant au 30 juin 1876 d'un capital de £ 35,000 prêté, d'après elle, par feu son mari à MM. Prosper Élie, sur une garantie de six à sept cent mille pieds d'acajou, avec intérêts à 6 0/0 l'an à partir du 30 décembre 1868.

2° Paiement de £ 17,680 dues par feu J. Maunder à une banque de Liverpool et pour lesquelles Mme Maunder, à la mort de son mari, aurait donné en garantie les produits de la Tortue.

3° Paiment d'un nouveau capital de £ 10,000 que Mme Maunder prétendait avoir employé en travaux de tout genre dans son exploitation.

4° Paiement de £ 60,000 pour les bénéfices supposés qu'elle eût réalisés durant les 18 années de sa concession.

M. Ethéart, alors Secrétaire d'État, examinant ces prétentions dans une lettre au Ministre Britannique du 9 février 1877, repoussait les trois derniers chefs et, pour ce qui est du premier, demandait une enquête, afin d'établir la quantité réelle des bois d'acajou que la maison Prosper Elie aurait tranférés à Joseph Maunder. Mais en même temps il démontrait qu'il n'y avait point eu hypothèque, comme le prétendait la partie adverse, vu que le certificat produit en copie avait le caractère d'un simple acte sous seing privé et que l'hypothèque doit être consentie par acte authentique.

Il contestait d'ailleurs la force probante de cette copie qui n'avait pas même été légalisée par les autorités compétentes et qui donnait à l'original la date du 3 mars 1867, tandis que le chef de la maison Prosper Elie était mort depuis le 23 février 1867.

Cette enquête ayant été refusée, M. Ethéart proposa, le 9 avril 1877, un arbitrage que le cabinet Britannique d'alors, par un malentendu évident, crut pouvoir subordonner au paiement des £ 22,757, mentionnées au certificat du 3 avril 1867, dont la force probante était précisément contestée.

Après avoir établi que le principe de l'arbitrage ne pouvait, aux termes mêmes du bail de la Tortue, être soumis à aucune condition préalable, M. F. Carrié, successeur de M. Ethéart, proposait, le 19 juin 1878, une solution mixte consistant à abandonner à Mme Maunder les redevances qu'elle devait à l'État, à la munir d'un bail en règle jusqu'en 1892, enfin à lui compter £ 10,000 pour l'interruption de jouissance dont elle se plaignait.

Il est clair que si la partie adverse eût accepté cette transaction, l'État se fût trouvé lié par un nouveau contrat, qui eût détruit les effets de celui de 1870. Mais le refus de Mme Maunder remit tout en question, et dès lors il devint nécessaire de reprendre la controverse, à Londres même, sur tous les points de la dissidence.

Troisième Phase. — La tâche imposée à notre légation n'était pas facile. Le Foreign Office semblait alors fortement prévenu contre nous et la partie adverse avait réussi à exagérer ou à dénaturer les faits les plus simples, en s'armant de concessions provenant sans doute d'un sentiment exagéré de conciliation, mais qui, en somme, avaient été nettement repoussées par Mme Maunder dans l'espoir d'obtenir davantage.

Quoi qu'il en soit, lord Salisbury consentit par sa lettre du 27 juillet 1878 à écouter nos explications et M. Villevaleix lui adressa un long mémoire qui réfutait, une à une, toutes les allégations de Mme Maunder, à l'aide des pièces mêmes qu'elle avait invoquées. Ces explications basées sur des faits constants et sur des arguments légaux, partout admis, suffisaient pour faire rentrer dans le domaine du droit commun un litige qui avait pris un caractère diplomatique, absolument contraire à la clause d'arbitrage inscrite au contrat.

Il devenait manifeste que, loin d'avoir été spoliée, c'était Mme Maunder qui cherchait à spolier l'État, d'abord en ne payant pas ses redevances, puis en réclamant, sous des prétextes spécieux, la somme de £ 142,000 environ.

Le moment était venu de produire l'acte de naissance de Joseph Maunder, afin de prouver qu'il était Haïtien et que sa veuve n'avait pu, par conséquent, comme elle le soutenait, devenir anglaise par mariage. Car c'est un principe de la loi haïtienne, comme du Droit des Gens, que les extraits légalisés des actes de l'État Civil font foi à l'étranger jusqu'à inscription de faux devant le Tribunal compétent.

Mais, au lieu de recourir aux voies légales, Mme Maunder prétendit, comme il fallait s'y attendre, que l'acte avait été fabriqué et que c'était pour éluder un règlement quelconque que nous en faisions usage.

Bien que cette assertion intéressée eût trouvé de l'écho en Angleterre, et jusqu'au sein du Parlement, elle tombait devant ce fait que le Gouvernement du général Boisrond Canal avait d'abord proposé une enquête et un arbitrage sur tous les chefs de la dissidence.

Les troubles civils survenus au Port-au-Prince en juin 1879 obligèrent d'ajourner toute discussion sur cet incident. Mais elle fut reprise l'année suivante, comme il ressort des pièces au dossier.

Dès le 26 avril 1880, le Gouvernement du général Salomon, afin de sauvegarder les intérêts du pays, sans porter aucune atteinte possible à ceux de Mme Maunder, proposait de soumettre dans son ensemble, à la Cour de Cassation de France, le fond même de l'affaire, c'est-à-dire nos réclamations, comme celles de Mme Maunder.

Lord Granville ayant objecté qu'il n'existait pas de précédent à cet égard et qu'une Cour de justice étrangère n'était pas le Tribunal qui conviendrait pour la discussion de ce cas, notre Représentant à Londres proposa alors, d'ordre de notre Gouvernement, l'arbitrage d'une Puissance amie : ce qui était conforme aux précédents établis.

A cela, deux nouvelles objections nous furent faites : l'une que Mme Maunder, étant ruinée par les spoliations dont elle se plaignait, n'avait pas les moyens pour faire face aux frais d'un arbitrage à Paris ; l'autre, que toutes les pièces à l'appui de sa réclamation se trouvaient à Haïti. Sur le premier point, nous dûmes rappeler que Mme Maunder n'avait pas été spoliée et, après avoir pris les informations nécessaires, nous donnâmes l'assurance qu'un tel arbitrage n'entraînerait aucuns frais. Sur le second point, nous fîmes remarquer que les pièces invoquées par Mme Maunder comprenaient le bail de la Tortue et deux jugements des tribunaux haïtiens, dont des copies authentiques avaient déjà été fournies au Foreign Office, qui nous en avait accusé réception.

Il nous fut alors répondu que le Gouvernement de S. M. B. ne pouvait prendre aucune décision avant d'avoir obtenu l'assentiment de Mme Maunder. Mais, comme cette dame avait constamment éludé tout règlement arbitral et qu'elle avait intérêt à ne pas accepter l'arbitre éminent que nous proposions, nous dûmes faire à cet égard des représentations amicales, ainsi que des réserves pour ce qui concernait la nationalité haïtienne de Mme Maunder.

Dès 1875, en effet, le Gouvernement Haïtien, voyant la Légation Britannique intervenir en faveur de cette dame, avait demandé, mais sans l'obtenir, une explication claire et précise de son état civil.

Plus tard, et par suite d'un accord intervenu entre le Gouvernement Haïtien et la Légation Britannique, le registre accusé de faux par Mme Maunder fut, avec d'autres registres concernant la famille Maunder, mis sous les yeux des parties intéressées et le major Stuart obtint même des réproductions photographiques de tous ces actes. Mais aucune suite ne fut donnée par lui à une proposition d'expertise que le Gouvernement Haïtien avait pourtant acceptée depuis le 23 août 1880 et dont il consentait d'ailleurs à prendre les frais à sa charge. La lumière semblait faite désormais sur la question d'état civil, malgré certain certificat invoqué par Mme Maunder, et qui n'offrait pas plus le caractère d'authenticité, exigé par l'article 1102 du Code civil, qu'un ancien certificat attribué au grand juge Vollaire.

Toutefois, afin de réduire à néant l'accusation de faux soulevée par cette dame, notre Représentant à Londres, dans plusieurs lettres adressées à lord Granville en avril et en mai 1881, montrait que l'hypothèse d'un mariage entre la citoyenne Joséphine Busse et le sieur Frédérick Maunder était une impossibilité d'après les coutumes de l'époque, et dans une nouvelle lettre, en date du 4 juin, il transmettait au noble lord, pour l'édifier à ce sujet et clore toute discussion, un extrait certifié du rapport fait à la Chambre en 1859 par M. V. Lizaire, député, sur notre législation antérieure à 1860, ainsi qu'une copie certifiée de la loi de Geffrard qui, en autorisant le mariage entre Haïtiens et étrangers, abrogeait toutes dispositions contraires.

Sans autre objection, le comte Granville, par sa réplique du 10 juin, donna acte de ces pièces, dont la communication par voie diplomatique mettait nécessairement fin à tout débat possible sur la nationalité réelle de Mᵐᵉ Maunder et faisait justice de ses insinuations intéressées contre l'authenticité d'actes qui prouvent que son mari, étant né d'une mère haïtienne et hors le mariage, était Haïtien.

En même temps, le département des Relations Extérieures priait le Ministre Britannique de lui faire connaître à quelle date M. Joseph Maunder avait été immatriculé à sa chancellerie, et M. le major Stuart répondait que le nom de Joseph Maunder, natif d'Exeter, était bien inscrit dans un vieux registre de 1832, mais que ce ne pouvait être le Joseph Maunder, qui était né à Port-au-Prince. Toutefois, le Ministre Britannique, qui ignorait encore la réponse de lord Granville à M. Villevaleix, excipait du manque d'instructions pour ne pas accepter les conséquences d'un fait déjà prouvé et pour conserver provisoirement à Mᵐᵉ Maunder la protection qui la couvrait depuis 1876.

Une telle fin de non recevoir pouvait laisser ouverte une discussion dont la clôture avait été formellement admise par le chef du Foreign Office. Sur l'observation amicale qui lui en fut faite par le département des Relations Extérieures, le 14 février 1882, M. le major Stuart s'empressa, le lendemain même, de faire une réponse de tous points conforme à celle de lord Granville.

En présence des résultats acquis pour ce qui concerne, soit la question de fond, soit celle de nationalité, il est clair que le litige est enfin sorti du domaine de la diplomatie, pour rentrer définitivement dans le domaine du droit commun, qui était le sien propre.

Sans donc rechercher si, dans la deuxième phase d'une affaire aussi compliquée dans ses développements, quoique d'une simplicité extrême dans ses origines, une étude incomplète et hâtive des faits n'aurait pas amené peut-être quelques erreurs inévitables, nous nous bornerons, pour conclure, à faire remarquer qu'en tout cas, un examen ultérieur et plus approfondi a fait la lumière la plus complète sur tous les points et établi, sans réfutation possible, le bon droit de l'État.

Agréez, etc.

Le Secrétaire d'État des Relations Extérieures, etc.
DAMIER.

Le Secrétaire d'État de la Justice, etc.
MADIOU.

Le Secrétaire d'État de l'Intérieur, etc.
O. CAMEAU.

Le Secrétaire d'État de l'Instruction Publique
et de l'Agriculture,
F. MANIGAT.

Le Secrétaire d'État de la Guerre et de la Marine,
Lient MICHEL PIERRE.

N° II
—
Pièce cotée A
—
N° 10
Section

Port-au-Prince, le 22 mars 1870.

Général T. RAMEAU Secrétaire d'État des Finances et du Commerce
À Madame V° MAUNDER

MADAME,

Par décision à moi transmise et en vertu d'un ordre du Président de la République consigné dans sa dépêche n° 238, je viens vous annoncer par les présentes qu'il vous est accordé la concession de la ferme de l'Ile de la Tortue pour dix années consécutives à partir de l'expiration du bail actuel consenti à M. E. Devèze.

Il est entendu :

Que, par cette concession de bail, vous renoncez à toutes les réclamations faites contre le Gouvernement pour troubles, évictions, vols, pillages, et ainsi qu'à toutes autres réclamations en dommages-intérêts et généralement quelconques pour les torts qu'ont pu vous occasionner les derniers événements que nous venons de traverser, vous tenant pour contente et satisfaite sans réserves aucunes ;

Qu'il n'est porté aucun changement au contrat passé le 26 mars 1862, au rapport de M° Valcourt Frédérique ou aux modifications y annexées.

Veuillez, Madame, m'accuser réception des présentes et recevoir mes salutations empressées.

T. RAMEAU.

Nº **III**

Pièce cotée B

Section
Domaines
Nº 96

Port-au-Prince, le 4 avril 1874,
an LXXVIIᵉ de l'Indépendance.

LE SECRÉTAIRE D'ÉTAT DE L'INTÉRIEUR
  A MADAME Vᵉ J. MAUNDER,
  à *Lieu, au Port-au-Prince.*

MADAME,

J'ai l'honneur de vous donner avis que le Gouvernement a consenti, sur la demande que vous lui avez faite, à prolonger pour neuf années consécutives le bail qui vous a été fait de l'Ile de la Tortue à partir de l'expiration du premier contrat et qu'il vous accorde aussi la faculté de faire venir de l'étranger des bras nécessaires à votre exploitation.

Je vous prie, Madame, d'agréer l'assurance de ma considération distinguée.

J. LAMOTHE.

Nº **IV**

« *Extrait des minutes du Greffe du Tribunal Civil du Port-au-Prince.* »

AU NOM DE LA RÉPUBLIQUE.

Le Tribunal Civil du Port-au-Prince, compétemment réuni au palais de Justice, a rendu en audience publique, le jugement suivant : Entre le citoyen Lavaud, substitut du Commissaire du Gouvernement près le Tribunal civil du Port-au-Prince, demeurant et domicilié en cette ville, demandeur au principal et à l'extraordinaire et défendeur en déclinatoire, agissant pour et au nom de l'État, comparant en personne, assisté de M. Valcourt Frédérique, Commissaire du Gouvernement titulaire audit siège, plaidant tous les deux, d'une part;

Et la dame Célie Faubert, Vᵉ Joseph Maunder, rentière et propriétaire, demeurant au Port-au-Prince, défenderesse au principal et à l'extraordinaire et demanderesse en déclinatoire, comparant par Mᵉˢ Camile Nau et C. Archin, ses avocats constitués, d'autre part.

La cause appelée à l'audience extraordinaire du dix-huit décembre dernier, M. le substitut A. Lavaud, pour l'État, a pris et déposé les conclusions dont la teneur suit :

Requiert qu'il plaise au Tribunal, considérant en fait que le Gouvernement de la République par contrat au rapport de Mᵉ Valcourt Frédérique alors notaire, en date du vingt-six mars mil huit cent soixante-deux, afferma au sieur Edmond Devèze, pour la durée de sept années entières et consécutives, à courir du jour de la signature du Contrat, l'Ile de la Tortue :

Que les conditions de paiement, à charge du preneur, étaient de trente cinq et quart pour cent sur le produit brut de l'exploitation de cette Ile, sans déduction d'aucun frais et livrable en nature, sur les lieux, avant tout enlèvement et tout déplacement de la part du preneur; — Qu'au décès du sieur Edmond Devèze, le sieur Joseph Maunder fut agréé par le Gouvernement de la République à continuer le contrat de ferme dont s'agit ; — Que le sieur Joseph Maunder décéda avant l'expiration du contrat, qui fut continué par sa veuve,

Mme Célie Faubert, veuve Joseph Maunder jusqu'à parfaite expiration : — Que depuis lors, la dame Célie Faubert, veuve Joseph Maunder, a été purement et simplement tolérée par le Gouvernement dans l'Ile de la Tortue et que, poussant à l'excès l'abus, ladite dame n'a jamais rien payé à l'Etat des redevances qu'elle lui doit ; — Que ces redevances s'élèvent aujourd'hui à la somme de *huit mille vingt piastres dix centimes* ; — Que, mise en demeure de se libérer, ladite dame demanda un délai d'un mois pour se libérer ;

Considérant en droit que tout débiteur est tenu de se libérer envers son créancier ; Qu'il y a urgence pour le Gouvernement, dont les intérêts sont lesés, à ce que Mme Maunder paye et se retire de l'Ile de la Tortue ;

Pour ces motifs, condamner ladite dame Célie Faubert, veuve Joseph Maunder, par corps et sans délai, en sa qualité d'étrangère, à payer à l'Etat la somme de *huit mille vingt pias tres dix centimes forts*, pour autant qu'elle lui doit avec intérêts, frais et dépens, ordonner son expulsion de l'Ile de la Tortue vingt-quatre heures après la signification du jugement à intervenir, avec exécution provisoire sans caution, la condamner en outre aux dépens.

C'est Justice. (signé) A. Lavaud, substitut.

Mes Nau et Archin, pour la dame veuve Joseph Maunder, ont répondu par celles ainsi conçues : « Attendu en fait et sans nullement préjudicier à l'exception d'incompétence dont il va être excipé et seulement pour y parvenir, que par acte au rapport de Me Valcourt Frédérique, alors notaire au Port-au-Prince, en date du vingt-six mars mil huit cent soixante-deux, le Gouvernement de la République concéda à M. Edmond Devèze, négociant français, l'exploitation de l'Ile de la Tortue ; — Que les conditions, auxquelles le Gouvernement de la République concédait ainsi l'exploitation de cette ile adjacente, sont énumérées dans l'acte authentique dressé par Me Valcourt Frédérique ; — Qu'entre autres conditions on y lit : « Que ce contrat est ainsi consenti moyennant trente-cinq un quart pour cent, brut et en « nature, etc., etc. ; — Que les détails de l'exploitation et de la perception de la part afférente « au Gouvernement seraient débattus ultérieurement entre les parties ; attendu que cette « concession consentie d'abord pour sept ans, fut, par décision ministérielle et avec l'appro-« bation du Président d'Haïti, portée à dix années à partir du vingt-six mars mil huit cent « soixante-trois » ;

Qu'ainsi le bail consenti à Edmond Devèze expirait au vingt-six mars mil huit cent soixante-treize ; — Que le vingt-deux mars mil huit cent soixante-dix, le Gouvernement de la République, en dédommagement des torts et des pertes éprouvés par Mme veuve Maunder, lors des événements politiques de mil huit cent soixante-huit à mil huit cent soixante-neuf, lui concéda l'exploitation de l'Ile de la Tortue pour dix années consécutives à partir du vingt-six mars mil huit cent soixante-treize, aux mêmes conditions du contrat passé à Edmond Devèze et aux modifications y annexées ;

Attendu que cette concession consentie par le Gouvernement de la Révolution à Mme Maunder et signée par T. Rameau, alors Secrétaire d'Etat de la République, n'a pas été le fruit d'une faveur ;

Qu'elle n'a été que la plus juste réparation à celle qui, à cause de son dévouement à la Révolution, avait été ruinée sous l'administration de Salnave ;

Attendu que le quatre avril mil huit cent soixante-quatorze, le Gouvernement de la République, constatant les généreux efforts d'une femme, qui tout entière à son industrie, avait tout quitté, pour diriger de ses propres mains cette exploitation devenue si difficile et s'était retirée dans l'Ile même de la Tortue, loin des plaisirs des villes, loin de ses enfants et de sa famille et de ses amis, prolongea le bail de la concluante de neuf années, avec la permission expresse de faire venir de l'étranger les bras nécessaires à l'exploitation ;

Qu'ainsi Mme veuve Joseph Maunder, loin d'être tolérée à la Tortue, comme l'a imprudemment allégué le Gouvernement par l'organe du Ministère public, y est pour jusqu'en mil huit cent quatre-vingt-douze, c'est-à-dire pour dix-huit ans encore, par le plus légitime de tous les droits, celui résultant d'actes librement consentis ; — En droit ;

Attendu que la concession faite à Mme veuve Joseph Maunder, lui a été consentie sans aucun changement au contrat passé le vingt-six mars mil huit cent soixante-deux au rapport de Me V. Frédérique, ni aux modifications y annexées;

Que dans ce contrat on lit : « En cas de contestation ou de difficulté survenue dans le » cours de l'entreprise du concessionnaire non prévue en ces présentes, cette difficulté sera » soumise à un tribunal arbitral qui décidera et dont le jugement sera sans appel, bien en- » tendu autre difficulté que le cas prévu en l'article 2 du présent contrat » ;

Que la difficulté soulevée par l'ajournement en date du quatorze décembre courant est autre que celle prévue par l'article 2 du contrat sus-parlé; attendu que les conventions légalement faites entre les parties leur tiennent lieu de loi; — Que la partie qui aura été appelée devant un Tribunal autre que celui qui doit connaître de la contestation, peut demander son renvoi par devant les juges compétents;

Attendu que les parties ayant formellement convenu de faire juger leurs difficultés par un Tribunal arbitral ;

Plaise au Tribunal se déclarer incompétent, renvoyer l'État à s'adresser à qui de droit et le condamner aux dépens. Ce sera justice.

(Signé :) Camille Nau et C. Archin.

M. le substitut A. Lavaud a répliqué par celles qui suivent :

Requiert qu'il plaise au Tribunal,

Considérant que s'il est vrai qu'aux termes de l'article 10 du contrat passé entre le Gouvernement et le sieur E. Devèze, il est dit qu'en cas de contestation ou de difficulté survenue dans le cours de l'entreprise du concessionnaire, cette difficulté sera soumise à un Tribunal arbitral, il ne s'en suit nullement, des termes dudit article, qu'il porte dérogation au grand principe que tout débiteur est tenu de se libérer ; que, d'ailleurs, ces contestations ou difficultés doivent s'entendre de celles qui surviennent à propos de la gestion de l'exploitation de l'Ile ou des violations des défenses faites dans ledit contrat, ce qu'expliquent bien ces expressions : « dans le cours de l'entreprise du concessionnaire » ;

Considérant en outre, et sans préjudicier à ce que dessus, que les contestations ou difficultés qui doivent être soumises au Tribunal arbitral, d'après le contrat, sont celles qui surviennent *dans le cours de l'entreprise* et non après ;

Considérant en droit que tout contrat est résilié de *plano* à l'expiration du temps pour lequel il a été fait ; qu'ainsi, la dame veuve Maunder est non recevable en son déclinatoire, qui en tout cas est mal fondé;

Pour ces motifs, rejeter le déclinatoire proposé par ladite dame veuve Maunder, lui ordonner de répondre au fond et la condamner aux dépens. C'est justice.

(Signé :) A. Lavaud, substitut.

Point de fait. — Par acte du vingt-six mars mil huit cent soixante-deux, passé en l'étude de Me Valcourt Frédérique, alors notaire, le Gouvernement a concédé à M. Edmond Devèze l'exploitation de l'Ile de la Tortue pour la durée de sept années.

Les articles 2, 7 et 10 de l'acte de concession sont ainsi conçus:

« Un délai d'une année à partir de la signature des présentes, pour tout retard, est accordé » à M. Edmond Devèze pour commencer ses opérations d'exploitation, et, passé ce délai, le » présent contrat demeurera nul et non avenu; le cas échéant, le Gouvernement sera libre » de contracter avec qui bon lui semblera, sans que M. Edmond Devèze puisse prétendre à » aucune indemnité. — Ce contrat est ainsi consenti, moyennant trente-cinq un quart pour » cent brut et en nature, c'est-à-dire, sans déduction des frais qui resteront à la charge du » concessionnaire, lesquels, trente cinq un quart pour cent, seront livrés au Gouvernement à » titre de produit de ferme, sur les lieux et cela, généralement sur toutes les productions

» tirées et provenant de cette île et ce, avant tout enlèvement et tout déplacement de la part
» du concessionnaire.

» En cas de contestation ou de difficulté survenue dans le cours de l'entreprise du con-
» cessionnaire, quoique non prévue en ces présentes, cette difficulté sera soumise à un
» Tribunal arbitral qui décidera, et dont le jugement sera sans appel, bien entendu, autre
» difficulté que le cas prévu en l'article 2 du présent contrat. »

Le vingt-deux mars mil huit cent soixante-dix, et après la mort de M. Edmond Devèze,
le Gouvernement, par dépêche de M. le général T. Rameau, alors Secrétaire d'État des Finances
et du Commerce, a accordé à Mme Célie Maunder la concession de la ferme de ladite île pour
dix années consécutives, à partir de l'expiration du bail consenti au sieur Devèze, sans aucun
changement au contrat du vingt-six mars mil huit cent soixante-deux, ni aux modifications
y annexées.

Le quatre avril mil huit cent soixante-quatorze, par dépêche de M. Joseph Lamothe, alors
Secrétaire d'État au département de l'Intérieur et de l'Agriculture, le Gouvernement, sur la
demande de Mme Maunder, a prolongé pour neuf années consécutives le bail qui lui a été
fait de l'Île de la Tortue, à partir de l'expiration du premier contrat.

M. Alexandre Lavaud, substitut du Commissaire du Gouvernement, agissant pour et
au nom de l'État, prétendant que la dame Célie Faubert, veuve Joseph Maunder n'a pas payé
ses redevances, que son contrat est expiré et qu'elle est tolérée dans l'île de la Tortue, a fait,
en vertu d'une ordonnance de M. le Doyen, en date du onze décembre dernier, donner assignation à ladite dame veuve Joseph Maunder, par exploit du ministère de Numa Desgrottes,
huissier audiencier, en date du quatorze du même mois, à deux jours francs, par devant le
Tribunal civil du Port-au-Prince, pour s'entendre condamner à payer à l'État, par corps et
sans délai, en sa qualité d'étrangère, la somme de huit mille vingt piastres et dix centimes,
pour autant qu'elle lui doit, avec intérêts, frais et dépens; entendre ordonner son expulsion
de l'Île de la Tortue, vingt-quatre heures après la signification du jugement à intervenir, avec
exécution provisoire sans caution. — La cause portée à l'audience extraordinaire du dix-huit
décembre expiré, Mes Nau et C. Archin, après les conclusions du fond, prises par M. le substitut A. Lavaud, ont soulevé une exception d'incompétence, tendant à dire que la cause, aux
termes du contrat du vingt-six mars mil huit cent soixante-deux, est de la compétence d'un
Tribunal arbitral.

Le Tribunal, après avoir entendu contradictoirement les organes des parties dans le développement des conclusions ci-dessus transcrites, a ordonné le dépôt des pièces sur le bureau,
pour en être délibéré et le jugement prononcé à l'une des prochaines audiences.

Point de droit. — Il s'agit de savoir si le Tribunal est compétent pour connaître de
l'action en condamnation de la somme de huit mille vingt piastres et dix centimes, et en
expulsion, formée par l'État contre la dame Joseph Maunder? Quoi statuer relativement aux
dépens ?

Vu : 1° l'acte en date du vingt-six mars mil huit cent soixante-deux, enregistré, passé en
l'étude de Me V. Frédérique, alors notaire du Gouvernement; 2° le compte dressé par l'Administrateur général des Domaines, arrêté le dix-sept novembre mil huit cent soixante-quatorze
et s'élevant à la somme de huit mille vingt piastres et dix centimes; — 3° la dépêche de M. le
Général T. Rameau, en date du vingt-deux mars mil huit cent soixante-dix, alors Secrétaire
d'État des Finances et du Commerce; — 4° Celle de M. Joseph Lamothe, en date du quatre
avril mil huit cent soixante-quatorze, alors Secrétaire d'État au département de l'Intérieur et
de l'Agriculture; — 5° Celle du même à la même date, à l'Administrateur général des
Domaines ; — 6° La requête suivie de l'ordonnance du Doyen, en date du onze décembre
mil huit cent soixante-quatorze, permettant d'assigner à deux jours francs; — 7° L'assigna-

tion donnée à la défenderesse, exploit de l'huissier audiencier Numa Desgrottes, en date du quatorze dudit mois de décembre, enregistré; — La copie de la lettre de M. Damier, alors Secrétaire d'État au département de l'Intérieur et de l'Agriculture, en date du 23 mai mil huit cent soixante-douze, à Mme Célie Maunder; — 9° Les conclusions des parties;

Considérant qu'il a été stipulé, par le contrat du vingt-six mars mil huit cent soixante-deux, signifié à la défenderesse, qu'en cas de contestation ou de difficulté survenue dans le cours de l'entreprise du concessionnaire, quoique non prévue audit contrat, cette difficulté serait soumise à un Tribunal arbitral qui déciderait et dont le jugement serait sans appel;

Considérant que le différend existant entre l'État et Mme veuve Joseph Maunder ne concerne pas le cas prévu en l'article 2 du contrat de bail du vingt-six mars mil huit cent soixante-deux;

Considérant qu'aux termes de l'article 925 du Code civil, les conventions légalement formées tiennent lieu de loi à ceux qui les ont faites; qu'elles ne peuvent être révoquées que de leur consentement mutuel, ou pour les causes que la loi autorise; qu'elles doivent être exécutées de bonne foi;

Considérant qu'au prescrit de l'article 169 du Code de procédure civile, la partie qui aura été appelée devant un Tribunal autre que celui qui doit connaître de la contestation, pourra demander son renvoi devant les juges compétents;

Considérant que, d'après la convention des parties, insérée en l'article 19 du contrat du vingt-six mars mil huit cent soixante-deux, il n'y a qu'un Tribunal arbitral qui puisse décider sur les contestations qui les divisent;

Par ces motifs, le Tribunal, après en avoir délibéré, faisant droit sur le déclinatoire proposé par la dame Célie Faubert, veuve Joseph Maunder, se déclare incompétent;

Ordonne que l'État se pourvoira devant qui de droit, condamne ce dernier aux dépens alloués à Mes Nau et C. Archin à la somme de deux piastres quarante centimes et ce, non compris le coût du présent jugement.

Donné de nous, B. Lallemand, doyen, A. Dyer et Granville, juges, en audience publique et extraordinaire du quinze janvier mil huit cent soixante-quinze.

Il est ordonné à tous huissiers, sur ce requis, de mettre le présent jugement à exécution; aux officiers du ministère public près les tribunaux civils d'y tenir la main; à tous commandants et autres officiers de la force publique d'y prêter main forte, lorsqu'ils en seront légalement requis.

En foi de quoi, la minute du présent jugement est signée du Doyen, des Juges et du Greffier. Ainsi signé:

B. Lallemand, A. Dyer, Granville et Monguy aîné, Greffier.

Pour 4me Expédition délivrée,

Collationné, une prolongation bonne et un mot rayé nul.

(Signé:) Monguy aîné, Greffier.

N° V

—

Extrait des minutes du greffe du Tribunal de Cassation de la République.

Au nom de la République,

Le Tribunal de cassation, section civile, a rendu l'arrêt suivant: — Entre le citoyen Alexandre Lavaud, substitut du commissaire du Gouvernement près le Tribunal civil de

Port-au-Prince, agissant pour l'État demandeur, ainsi qu'il résulte de sa requête signifiée
par Jean Baptiste, huissier de ce tribunal; et la dame Célie Faubert, veuve Joseph Maunder,
rentière et propriétaire, demeurant au Port-au-Prince, et domiciliée à Liverpool, défenderesse, ayant pour avocats constitués M⁽ᵉˢ⁾ Archin et Camille Nau :

Faits. — Par acte du vingt-six mars mil huit cent soixante-deux, passé au rapport de
M⁽ᵉ⁾ Valcourt Frédérique, alors notaire du Gouvernement, à la résidence du Port-au-Prince, le
Gouvernement d'Haïti concéda au sieur Edmond Devèze l'exploitation des bois de l'Ile de la
Tortue pour la durée de sept années entières et consécutives qui commenceraient à courir à
compter du jour de la passation dudit acte, à la charge par ledit sieur Devèze de se conformer à la loi, aux règlements et aux usages établis dans le pays sur la matière. De cet acte
qui comporte onze articles, nous en extrayons deux qui demandent à être revisés pour l'intelligence de la cause. Les voici :

« Art. 7. — Ce contrat est ainsi consenti, moyennant trente-cinq et un quart pour cent,
» brut et en nature, c'est-à-dire sans déduction des frais qui resteront à la charge du con-
» cessionnaire, lesquels trente-cinq et un quart pour cent seront livrés au Gouvernement, à
» titre de produit de ferme, sur les lieux, et cela généralement sur toutes les productions
» tirées ou provenant de cette Ile et ce, avant tout enlèvement ou tout déplacement de la
» part du concessionnaire.

» Art. 10. — En cas de contestation ou de difficulté survenue dans le cours de l'entreprise
» du concessionnaire quoique non prévue en ces présentes, cette difficulté sera soumise à un
» Tribunal arbitral qui décidera, et dont le jugement sera sans appel; bien entendu, autre
» difficulté que le cas prévu en l'article 2 du présent contrat. » A la date du vingt-deux mars
mil huit cent soixante-dix, le général T. Rameau, alors Secrétaire d'Etat des Finances et du
Commerce, écrivit à la dame Célie Faubert, veuve Maunder, la dépêche dont suit la teneur :
« Madame, par décision à moi transmise et en vertu d'un ordre du Président de la Répu-
» blique, consigné dans sa dépêche n° 238, je viens vous annoncer par les présentes qu'il
» vous est accordé la concession de la ferme de l'Ile de la Tortue pour dix années consécutives,
» à partir de l'expiration du bail actuel consenti à M. Devèze. Il est entendu que par cette
» concession de bail, vous renoncez à toutes les réclamations faites contre le Gouvernement,
» pour troubles, évictions, vols, pillages, etc., etc., ainsi qu'à toutes autres réclamations en
» dommages-intérêts et généralement quelconques pour les torts qu'ont pu vous occasionner
» les derniers événements que nous venons de traverser, vous tenant pour contente et
» satisfaite, sans réserves aucunes ; Qu'il n'est porté aucun changement au contrat passé le
» vingt-six mars mil huit cent soixante-deux, au rapport de M⁽ᵉ⁾ Valcourt Frédérique, ni aux
» modifications ci-annexées.

» Veuillez, Madame, m'accuser réception des présentes. »

Le dix novembre de l'année dernière, M. l'Administrateur général des Domaines nationaux
écrivit au Commissaire du Gouvernement près le Tribunal civil de Port-au-Prince, pour lui
faire connaître que le Conseil des Secrétaires d'État avait accordé à la dame veuve Maunder un sursis d'un mois pour s'exécuter envers l'État de ses redevances, et que, faute par
elle de le faire dans le susdit délai, il serait procédé à la résiliation de son bail avec l'État.
Que ce délai étant expiré le neuf du même mois, il invitait ledit Commissaire du Gouvernement de vouloir bien diriger immédiatement des poursuites contre ladite dame pour le
paiement de ses redevances pour l'exploitation de l'Ile de la Tortue, montant à la somme
de huit mille vingt piastres et dix centimes; autorisant ledit magistrat à poursuivre aussi
la résiliation du bail passé à cet effet entre l'État et ladite veuve Maunder, conformément à
la dépêche du Secrétaire d'Etat de l'Intérieur, en date du neuf octobre mil huit cent
soixante-quatorze, au n° 367. Le quatre décembre suivant, la dame Célie Faubert, veuve

Maunder, a été assignée à comparaître au Tribunal civil de Port-au-Prince, à neuf heures du matin, dans le délai de deux jours francs, à la requête de M. Alexandre Lavaud, substitut du Commissaire du Gouvernement près ledit Tribunal, agissant pour et au nom de l'État, et par exploit de Numa Desgrottes, huissier du susdit tribunal, pour s'entendre condamner aux fins de la requête de cet officier du parquet, présentée au doyen dudit Tribunal et signifiée à ladite dame veuve Maunder.

Cet exploit est dûment enregistré, sur les plaidoiries contradictoires qui eurent lieu à l'audience du Tribunal civil du Port-au-Prince, le dix-huit du mois de décembre précité, entre le citoyen A. Lavaud, ès-qualités, demandeur, assisté du citoyen Valcourt Frédérique, Commissaire du Gouvernement près le Tribunal susdit, d'une part; et ladite dame Célie Faubert, veuve Maunder, défenderesse, comparant par Me Camille Nau et C. Archin, d'autre part, sortit jugement du même Tribunal, en date du quinze janvier de cette année qui, faisant droit sur un déclinatoire proposé par la dame Célie Faubert, veuve Joseph Maunder, se déclare incompétent, et ordonne que l'État se pourvoirait devant qui de droit, etc. Ce jugement a été signifié le vingt-quatre février suivant à M. A. Lavaud, en sa qualité susdite, par exploit de Régulus Daumec, huissier du Tribunal civil de Port-au-Prince, à la réquisition de Mes C. Archin et Camille Nau.

C'est contre ce jugement que M. A. Lavaud fils, substitut du Commissaire du Gouvernement près ledit Tribunal, agissant pour et au nom de l'État, s'est pourvu dans le délai de la loi (23 mars suivant) par une déclaration faite au greffe du même Tribunal, lequel magistrat, dans sa requête présentée à MM. les doyen et juges du Tribunal de cassation pour appuyer son pourvoi, a présenté les moyens suivants :

Premier moyen. — Fausse interprétation et fausse application de l'article 10 du contrat Devèze, et par suite violation de l'article 1499 du Code civil, en ce que : 1° s'il est dit dans cet article 10 qu'en cas de contestation ou de difficulté survenue dans le cours de l'entreprise du concessionnaire, cette difficulté sera soumise à un Tribunal arbitral, il ne s'ensuit nullement des termes dudit article qu'il porte dérogation au principe posé dans l'article 1499 susvisé, que tout preneur doit payer ses termes (principe toujours sous-entendu), en ne le faisant pas doit être actionné devant les Tribunaux et contraint; 2° en ce que, d'ailleurs, ces contestations ou difficultés doivent s'entendre de celles qui surviennent à propos du mode de gestion et d'exploitation de l'Ile ou des violations de défenses faites dans ledit contrat, ce qu'expliquent bien ces mots : « dans le cours de l'entreprise du concessionnaire, etc., etc. »; Qu'en outre, c'est la résiliation du bail que poursuit l'État pour inexécution des clauses dudit contrat. Le Tribunal arbitral, dit le pourvoyant, doit-il et peut-il connaître d'une demande en résiliation de bail, et par suite prononcer cette résiliation? Évidemment non. Qu'ainsi, dit le pourvoyant, le Tribunal civil de Port-au-Prince, en décidant qu'il était incompétent pour connaître de l'action du ministère public, représentant l'État contre Mme veuve Maunder, a donc faussement interprété l'article 10 du contrat Devèze et violé l'article 1499 du Code civil, et le jugement qui consacre cette fausse interprétation et cette violation sera partant réformé par le Tribunal régulateur et cassé.

Deuxième moyen. — Fausse interprétation et fausse application de l'article 925 du Code civil, en ce que s'il est vrai, aux termes de cet article, « que les conventions légalement formées tiennent lieu de loi à ceux qui les ont faites », ce principe ne peut être appliqué en matière d'arbitrage. — En effet, ce qui est essentiel pour la validité d'une convention compromissoire, c'est que les parties soient d'accord sur la désignation d'arbitres déterminés, appelés à résoudre une question actuellement pendante. Qu'une clause par laquelle on s'engage à l'avance au jugement d'arbitres, appelés à statuer sur les difficultés que pourrait soulever l'exécution d'un contrat, et ce, au moment même où on le souscrit, est repoussée par la doctrine et la jurisprudence.

L'article 329 du Code de commerce, en matière d'assurances maritimes, autorise expressément, il est vrai, la soumission des parties à des arbitres, en cas de contestation. — Mais peut-on induire de là que les parties peuvent toujours compromettre et en toute matière sans égard pour le Code? etc. Ainsi, ajoute le pourvoyant, le Tribunal civil de Port-au-Prince en visant cet article 925 pour se refuser à connaître l'affaire dont il était saisi et astreindre l'État à recourir à un Tribunal arbitral, a manifestement méconnu et violé cet article dans sa lettre et son esprit. Donc son jugement sera encore cassé.

Pour ces causes et motifs, dit le pourvoyant, il plaira au Tribunal régulateur casser le jugement en question et renvoyer les parties par-devant qui de droit pour vider le litige en question.

De son côté, la dame Célie Faubert, veuve Joseph Maunder, défenderesse, ayant pour avocat Me C. Archin, avant de répondre aux deux moyens du pourvoi à elle signifiés, a soulevé contre le demandeur les deux fins de non-recevoir suivantes : 1° L'État, dit-elle, sera déclaré non recevable et déchu de son pourvoi, en ce qu'étant étrangère, ainsi que l'a reconnu le Gouvernement lui-même dans son acte introductif d'instance devant le Tribunal civil de Port-au-Prince, elle ne pouvait être valablement assignée pour le pourvoi qu'en parlant à sa personne ou, à défaut de l'avoir pu trouver, au parquet du ministère public près le Tribunal de cassation, puisqu'elle n'a et ne peut avoir de domicile en Haïti, et ce, au prescrit de l'article .... du Code de procédure civile dont les formalités sont prescrites à peine de nullité. — Que l'exploit de signification des moyens de cassation, dressé par l'huissier Jean Baptiste Eugène, en date du vingt-neuf mars expiré, est donc nul, et cette nullité constitue le demandeur en état de déchéance et de non-recevabilité du pourvoi. — 2° Que, en supposant même que la qualité d'étrangère qui lui a été reconnue par l'État, dans l'acte même qui entama le procès et qui n'a fait l'objet d'aucune contestation entre les parties pût faire naître l'ombre d'un doute et faire soutenir par impossible qu'elle pourrait avoir son domicile plutôt au Port-au-Prince qu'à Liverpool, l'exploit de signification des moyens du pourvoi qui lui a été faite n'en serait pas moins nul, puisque, d'une part, l'huissier y dit qu'il s'est transporté en son domicile et que de l'autre et presque immédiatement après cette première énonciation, il dit n'avoir pas trouvé la demeure de Mme Maunder au Port-au-Prince, et s'être transporté chez le juge de paix, section nord de cette ville: ce sont donc, dit la dame veuve Maunder, deux énonciations contradictoires qui se détruisent, et qui, prises isolément et séparément, et en leur accordant même par supposition quelque valeur, prouve chacune, pour sa part, la nullité formelle et absolue de l'acte de l'huissier Jean Baptiste Eugène, du vingt-neuf mars dernier; qu'en effet, si la dame Maunder a un domicile en Haïti, l'huissier s'y transportant et n'y trouvant personne à qui remettre copie de son acte, en voyant les portes fermées devait, avant de porter son acte à M. le juge de paix, en faire préalablement l'offre de la remise aux voisins; et ce ne devait être qu'après le refus dûment constaté de ces derniers dans l'acte, que le transport chez le magistrat devait avoir lieu, conformément aux prescriptions de l'article 78 du Code de procédure civile dont les dispositions sont édictées à peine de nullité. — Que si, au contraire, Mme Maunder n'avait en Haïti aucun domicile connu, et qu'elle n'y eût qu'une simple résidence dont le lieu ne serait pas connu, l'exploit ne pourrait être valable qu'autant qu'il aurait été affiché à la principale porte du Tribunal de cassation où la demande est portée et que, de plus, une copie de l'acte aurait été donnée au ministère public près ledit Tribunal, conformément au cinquième paragraphe de l'article 79 du Code de procédure civile, etc., etc.

La dame veuve Maunder a donc conclu à ce que l'exploit de signification des moyens de cassation à elle faite par l'État, ministère de l'huissier Jean Baptiste Eugène, en date du vingt-neuf mars écoulé soit annulé. Ce faisant, déclarer l'État non recevable et déchu de son pourvoi, avec condamnation aux dépens.

Au fond : La dame Célie Faubert, veuve Joseph Maunder, a dit : Contre le premier moyen qu'il n'y a point au jugement attaqué ni fausse interprétation, ni fausse application de l'article 10 du contrat Edmond Devèze dont les stipulations sont communes à celles consenties par l'État en sa faveur, ni violation de l'article 1409 du Code civil, en ce que le contrat qui lie les parties et qui est bien loi, ayant formellement déclaré que toute contestation ou difficulté survenue dans le cours de l'entreprise sera soumise à un Tribunal arbitral, excepté au seul cas qui n'est pas celui d'où est née la difficulté, l'origine et le principe du procès : le Tribunal civil de Port-au-Prince ne pouvait faire différemment que d'agréer le déclinatoire proposé, puisque ce déclinatoire résultait des conventions librement débattues entre les parties litigantes et antérieures au débat actuel. — Qu'il n'avait pas à distinguer les espèces diverses de contestations qui avaient surgi ou pouvaient surgir entre les contractants, ou à envisager les conséquences probables de ces difficultés pour dresser une classification de celles qui pourraient ou devraient être soumises au Tribunal arbitral institué par le contrat, et de celles qui devraient être portées devant les Tribunaux ordinaires, le contrat contenant à cet égard une disposition générale ; que ce serait alors refaire le contrat, pouvoir que n'avait pas le Tribunal et qui, s'il se le donnait, constituerait de sa part un abus d'autorité, un excès de pouvoir inouï et intolérable. — Qu'il n'avait qu'à appliquer purement et simplement le contrat, et c'est ce qu'il a fait. Que c'est en vain que le pourvoyant s'efforce de justifier sa critique du jugement dénoncé, en essayant d'établir que l'article 10 du contrat invoqué par elle (la dame veuve Maunder) est un obstacle à l'exécution de l'article 1409 du Code civil. En quoi cela existe-t-il ? (dit la dame veuve Maunder), l'article 1409 qui dit que le preneur doit payer le prix du bail aux termes convenus, n'a nullement désigné le Tribunal devant lequel ce paiement, refusé ou contesté, devait être demandé, et ce Tribunal est celui que désigne cet article 10 du contrat. Quelle contradiction, ajoute la défenderesse, le pourvoyant trouve-t-il dans l'application de ces deux dispositions, et qui doit faire accorder la préférence à celle tirée du Code civil que de la loi même des parties, lorsque le contrat n'a fixé aucun terme pour le paiement de la redevance qui n'est due qu'autant qu'il y a de produits réalisés, et lorsqu'en outre il ne s'agissait que d'appliquer la disposition concernant le Tribunal chargé de résoudre les difficultés soulevées entre les parties. — Contre le deuxième moyen. — La dame Célie Faubert, veuve Joseph Maunder, soutient qu'il n'y a pas non plus au jugement dénoncé ni fausse interprétation ni fausse application de l'article 925 du Code civil, cet article dispose en termes clairs et précis que les conventions légalement formées tiennent lieu de loi à ceux qui les ont faites, et ne peuvent être révoquées que de leur propre et commune volonté ou pour les causes établies par la loi et qu'elles doivent être exécutées de bonne foi. Or, si ainsi qu'il a été établi dans la réfutation du premier moyen du pourvoi que le contrat fait avec Edmond Devèze d'abord, et ensuite avec elle (la veuve Maunder) a été valablement et légalement fait, c'est-à-dire en vertu de la loi du vingt-sept juillet mil huit cent cinquante-neuf, comment soutenir que cette convention parfaitement faite existant entre l'État et elle ne devait pas être obligatoire pour les deux parties contractantes et, en cas de contestations élevées entre elles, pour les Tribunaux devant lesquels elles comparaîtraient ? Ce serait vouloir assurément du contrat sans le contrat.

Que, une erreur capitale du pourvoyant est de croire que dans les matières soumises à l'arbitrage, pour que les choses puissent se faire valablement, il faut, pour la validité de la convention le stipulant que les arbitres soient désignés d'abord ; que cette prétention est condamnée non seulement en matières d'assurances maritimes, ainsi que l'a observé le pourvoyant, mais encore en matière d'arbitrage forcé entre les membres d'une Société commerciale et pour raison de la Société et dans plusieurs autres cas qu'il est inutile de rappeler.

Que, quant à l'objet sur lequel l'arbitrage doit porter, à moins de s'être abstenu de lire le contrat, le pourvoyant ne peut dire qu'il n'a pas été prévenu puisque sauf le cas prévu en l'article 2 concernant le fonctionnement obligatoire de la concession après une année de la signature du bail sous peine de résiliation immédiate, il comprend toutes espèces de difficultés ou contestations, et pour décider et stipuler ainsi, le Gouvernement, armé de la loi du vingt-sept juillet mil huit cent cinquante-neuf, a été déterminé par le caractère spécial de l'entreprise qui était concédée, et qui de sa nature comme dans ses effets devait apporter de si graves modifications dans l'avenir agricole et industriel du pays.

Qu'il n'y a eu rien là qui ait été contraire aux garanties établies par la loi, puisque c'est une loi qui avait permis de procéder ainsi, etc., etc.

Ce moyen, dit la dame veuve Maunder, est mal fondé et sera rejeté aussi comme le précédent.

Qu'à ces causes et motifs, il plaira au Tribunal rejeter le pourvoi de l'État contre le jugement du quinze janvier dernier, rendu à son profit (la dame veuve Joseph Maunder) par le Tribunal civil de Port-au-Prince; ordonner que ce jugement sorte son plein et entier effet, et condamner par suite l'État aux dépens. — Ouï le rapport fait par le juge J.-E. Héraux, les observations de Mes Archin et Camille Nau, ensemble les conclusions de M. Vancresson Laroche, Commissaire du Gouvernement, et après délibération en la Chambre du Conseil; — Vu l'exploit de l'huissier Jean Baptiste Eugène, contenant signification faite à la défenderesse des moyens de cassation du demandeur, le vingt-neuf mars dernier; — Vu l'article 78 du Code de procédure civile; — Statuant sur le premier chef de la fin de non-recevoir tirée de ce que l'huissier se transportant au domicile de la veuve Maunder et n'y trouvant personne à qui remettre copie de son acte, en voyant les portes fermées, devait, avant de porter cet acte au juge de paix, en faire préalablement l'offre de la remise aux voisins, conformément à l'article 78 précité; que n'ayant point suivi cette marche, son exploit doit être déclaré nul.

Attendu que l'exploit de l'huissier Jean Baptiste Eugène porte : ai signifié et laissé copie avec celle des présentes à Mme Célie Faubert, veuve Joseph Maunder, propriétaire, demeurant et domiciliée au Port-au-Prince, et n'ayant pas trouvé sa demeure à Port-au-Prince, je me suis transporté, etc., etc.

Attendu que de cette énonciation, il résulte qu'il n'y avait pas lieu d'aller aux voisins puisque l'huissier constate qu'il n'avait pas trouvé la demeure ou le domicile de la veuve Maunder; mais dans ce fait constaté on trouve une contradiction qui fait présumer que l'assignée a eu une ancienne demeure, car chacun a un domicile originaire qu'il tient de sa naissance et qu'on est censé n'avoir jamais quitté, à moins de preuves positives. — Si, comme on l'a prétendu, Mme Célie Faubert, veuve Joseph Maunder, est étrangère, mais elle était anciennement Haïtienne, l'huissier ne pouvait pas dire qu'il n'avait pas trouvé sa demeure; s'il s'était présenté dans son ancienne demeure, il devait le mentionner dans son exploit, car son acte doit porter la preuve des formalités exigées par la loi; l'absence de cette mention ne peut être suppléée. Que de tout ce qui précède il résulte qu'il n'y a pas lieu d'admettre ce premier chef de la fin de non recevoir. Sur le second chef tiré de l'article 79 du Code de procédure civile ainsi conçu : Seront assignés : 1° L'État, lorsqu'il s'agira des domaines, etc., etc.

2° Les établissements et administrations publics en leurs bureaux, etc., etc.

3° Les sociétés de commerce, etc., etc.

4° Les unions et directions des créanciers en la personne ou au domicile de l'un des syndics.

5° Ceux qui n'ont aucun domicile connu en Haïti au lieu de leur résidence actuelle; si le lieu n'est pas connu, l'exploit sera affiché à la principale porte du Tribunal où la demande est portée; une seconde copie sera donnée au ministère public qui visera l'original.

6° Ceux qui habitent hors du territoire haïtien, au domicile du ministère public, près le

Tribunal où sera portée la demande, lequel visera l'original et enverra la copie à la Secrétairerie générale.

Et par une sanction rigoureuse, portée dans l'article 80 du même Code, le législateur a fait sentir que ces différentes dispositions ne sont pas comminatoires, puisqu'il attache à leur inobservation la *peine de nullité*. Attendu qu'en s'arrêtant à la déclaration de l'huissier Jean Baptiste, puisque son acte fait pleine foi de ce qu'il constate, on voit que la dame Joseph Maunder était placée au cinquième alinéa de l'article 79 précité, dans la catégorie de ceux qui n'ont aucun domicile connu en Haïti, pas même une résidence; — Que ce n'était donc point le cas de se transporter chez le juge de paix et de lui remettre la copie de l'exploit, comme s'il y avait eu refus de la part des voisins de la recevoir; que l'huissier était tenu de se renfermer dans les prescriptions de l'article 79, cinquième alinéa, en affichant l'exploit à la principale porte du Tribunal de cassation, où la demande est portée, et de donner une seconde copie au ministère public, et de le faire viser son original; que n'ayant pas suivi cette marche indiquée par la loi, l'exploit se trouve entaché de nullité et ne saurait produire aucun effet. — Par ces motifs, le Tribunal déclare le demandeur non-recevable, et, par suite, rejette le pourvoi.

Donné de nous, D. Lafond, président; Vaval, Héraux, A. Rossignol, et F. Édouard, juges, en présence de M. V. Laroche, commissaire du Gouvernement, assistés du citoyen Lefèvre Rousseau, greffier, au palais de justice du Tribunal de cassation, en audience publique du seize décembre mil huit cent soixante-quinze.

Signé à la minute :

D. Lafond, L.-E. Vaval, H. Héraux, A. Rossignol,
Édouard et Lef. Rousseau, greffier.

Pour copie conforme.

Collationné :

Signé : L. Rousseau, greffier.

CORRESPONDANCE

ENTRE LA

LÉGATION BRITANNIQUE, A PORT-AU-PRINCE

ET LE

DÉPARTEMENT DES RELATIONS EXTÉRIEURES

N° 1
—
TRADUCTION

LÉGATION BRITANNIQUE

Le 28 août 1875.

Son Exc. M. LIAUTAUD ÉTHÉART,
    Secrétaire d'État des Affaires Étrangères.

Monsieur le Secrétaire d'État,

Ci-inclus j'ai l'honneur de remettre à V. Exc. une traduction littérale d'un exposé que Mme Célie Maunder a dernièrement présenté au Secrétaire d'État des Relations Extérieures de S. M. Britannique, relativement aux pertes et aux souffrances qu'elle a subies à l'égard de ses intérêts engagés dans l'île de la Tortue.

À cet exposé je voudrais appeler l'attention sérieuse du Gouvernement d'Haïti : les circonstances de l'affaire de Mme Maunder ne sont que trop connues, tant ici qu'en Angleterre ; et dans leur ensemble elles laissent voir une réunion d'injustices, de violence et de mauvaise foi presque sans pareille dans les pays qui se vantent d'un Gouvernement systématique et d'institutions judiciaires.

Ce langage énergique se peut justifier en s'en référant à des faits bien connus, et aux archives officielles, soit des greffes publiques, soit des tribunaux.

Un Gouvernement qui n'a pas ajouté une belle page à l'histoire d'Haïti a méprisé, je n'ai pas besoin de le dire, les droits de Mme Maunder à l'égard de la Tortue.

Il n'en était pas moins le gouvernement reconnu du pays : aussi le pays est-il responsable de ses actes, au point de vue de la loi et de l'opinion des autres nations.

Tant que l'injustice faite par ce Gouvernement reste sans compensation et compensation faire se peut, le discrédit s'en transmet, comme un mauvais héritage, à chaque Gouvernement successif, portant ainsi atteinte au caractère du peuple haïtien, tant chez eux qu'à l'étranger.

Parer à un tel mal, c'est le devoir de tout homme d'honneur et de patriotisme ; dans la pleine assurance que le Gouvernement actuel d'Haïti se compose de pareils hommes, je m'empresse de soumettre, par ordre exprès de mon Gouvernement, à leur considération l'affaire de Mme Maunder, telle qu'elle est relatée dans l'incluse, en faisant appel à tout sentiment de la justice et de l'humanité en faveur des intérêts outragés de cette dame anglaise.

J'ai l'honneur, etc.

R. STUART.

N° 2

TRADUCTION

EXPOSÉ DE L'AFFAIRE DE LA TORTUE

Présenté à Lord Derby par Madame Maunder

(AVRIL 1876)

Communiqué au Gouvernement Haïtien par le Major Stuart, le 28 août 1876

En 1867, la Compagnie la Tortue qui avait affermé du Gouvernement Haïtien l'île de la Tortue (qui est une île formée de montagnes, de 36 milles de long sur 12 de large, complètement couverte de forêts de bois précieux et entièrement inhabitée excepté par des ouvriers), donna à M. Joseph Maunder, un sujet anglais et négociant de Liverpool, en compensation d'une dette de 22.000 livres sterling, 709.000 pieds de bois d'acajou dont la plus grande partie était déjà fabriquée dans les forêts et représentant une somme de 35,000 livres sterling. Peu de temps après M. Maunder mourut (avril 1868) sans avoir eu le temps d'enlever aucun de ces bois et sa veuve, qui avait reçu les pouvoirs de liquidatrice de la succession et d'exécutrice du testament de feu son mari, de la " Probate Court " de justice de S. M. Britannique, en liquidant la succession, donna la moitié des acajous susnommés à la Banque Commerciale de Liverpool en paiement d'une forte somme d'argent que feu M. Maunder devait à cette Banque.

Mai 1868. — Peu de jours après la mort de M. Maunder, une révolution éclata en Haïti contre les barbares et sanguinaires excès du général Salnave, alors à la tête de la République haïtienne. Le pays entier fut frappé de terreur par les excès de Salnave dont les principes avoués de gouvernement étaient l'incendie, le pillage et le meurtre.

D'abord l'exploitation de la Tortue échappa à cette dévastation, par sa position isolée et son éloignement de la grande terre; mais plus tard le Président Salnave, tenté par la quantité et la belle qualité des billes d'acajou qui se trouvaient à la Tortue, ordonna qu'une *saisie officielle* en fût faite, ainsi que sur tous les objets de valeur qui se trouvaient sur l'exploitation. La plus grande partie des billes d'acajou qui avaient été transportées au rivage aux frais de M. Maunder pour être expédiées à l'étranger, furent enlevées, ainsi que les bœufs et vaches, les autres animaux et les machines; les ouvriers furent dispersés et l'exploitation entièrement ruinée.

Mme Maunder, de concert avec la Banque de Liverpool s'adressa au Gouvernement anglais pour protéger leurs intérêts réunis contre les procédés illégaux du Gouvernement Haïtien. Le Gouvernement anglais accéda à cette demande et donna des ordres au Chargé d'affaires de S. M. en Haïti (M. Spencer Saint-John) à cet effet. Salnave reconnut que la saisie faite sur l'exploitation de la Tortue avait été illégale et donna ordre de la lever (1869).

Le Gouvernement du président Salnave fut soudainement renversé par le triomphe de la Révolution et celui du président Nissage lui ayant succédé, celui-ci fut obligé de négocier avec les Puissances étrangères au sujet des pertes subies par leurs différents sujets durant le règne de Salnave. De larges indemnités furent donc payées aux sujets anglais, français et allemands d'après l'étendue des pertes dont ils avaient souffert, et Mme Maunder reçut du Gouvernement Haïtien, présidé par le général Nissage, en 1870, en paiement des sommes que le précédent Gouvernement lui avait fait perdre et aussi comme indemnité pour les délais et suspensions occasionnés à ses affaires, un bail pour l'île de la Tortue (aux mêmes conditions que la première Compagnie) pour une période de dix-neuf années et qui devait commencer en l'année 1873, qui était l'époque où se terminait l'ancienne ferme donnée à la première Compagnie de la Tortue.

Mme Maunder accepta ces conditions et s'engagea, par contrat, à payer la dette de son mari à la Banque de Liverpool sur les profits de la ferme qui lui avait été donnée à elle, et elle fournit des fonds à la Compagnie de la Tortue pour le maintien des travaux jusqu'au moment où sa ferme devait commencer. De plus elle résida partiellement à Haïti pour surveiller cette affaire, se séparant de ses enfants qui étaient en Angleterre, quand arriva l'époque de sa ferme (1873).

Elle prit toutes les mesures nécessaires pour se procurer tous les fonds dont l'exploitation avait besoin, de manière à en assurer le développement sur la plus large échelle possible; elle résida en personne à l'île de la Tortue; importa un grand nombre d'ouvriers et de travailleurs des îles environnantes (dont la plupart étaient sujets anglais), construisit un grand nombre de routes, établit des plantations, fit bâtir une quantité de maisons, en un mot, plaça l'exploitation sur une large et solide base. Grâce à son activité et son énergie, cette exploitation qui avait été ruinée depuis si longtemps se releva rapidement et elle était en pleine voie de prospérité, lorsque le nouveau Gouvernement d'Haïti, présidé par le général Domingue, conçut l'idée d'expulser Mme Maunder de la Tortue afin de s'approprier pour eux-mêmes du fruit de son labeur et des immenses capitaux déboursés, lorsqu'elle avait eu à peine la jouissance d'une année de ferme sur les dix-neuf années qui lui avaient été données indemnité par contrat.

La grande extension donnée par Mme Maunder aux travaux de la Tortue, de même que la quantité considérable de bois qui s'y trouvaient préparés (car il y a actuellement plus de 3,000 billes de bois d'acajou fabriquées dans les forêts), avait excité la cupidité du général Rameau, le neveu du Président Domingue. Pour atteindre leur but de spoliation, le Gouvernement commença une série de persécutions et d'intrigues trop longue pour être racontée en détail. Ces persécutions commencèrent en septembre 1874.

Mme Maunder fut constamment embarrassée et tracassée par des poursuites judiciaires, consistant tantôt à réclamer un prix de redevance fait illégalement aux termes de son contrat, et tantôt en niant le contrat lui-même sur lequel le Gouvernement s'était basé pour faire ces poursuites. Enfin, ils attaquèrent Mme Maunder, novembre 1874, devant le Tribunal civil de Port-au-Prince en demandant son expulsion de la Tortue et son emprisonnement, en alléguant pour base de cette dernière demande *en sa qualité d'étrangère*. Aucune de ces poursuites judiciaires, néanmoins, n'eurent gain de cause contre Mme Maunder, même dans leur propre Tribunal qui rendit sa décision en faveur de Mme Maunder et condamna le Gouvernement aux dépens. Aussi, il destitua le doyen de ce Tribunal qui avait eu le courage de rendre un verdict contre eux. Alors le Gouvernement du Président Domingue résolut d'avoir recours à la force pour atteindre son but et il envoya à la Tortue un M. Arnoux (qui avait été d'abord employé sous les ordres de Mme Maunder), à la tête d'une troupe d'hommes armés qui prit possession de l'île et de tout ce qu'elle contenait.

Les mêmes scènes de désordre et de pillage qui avaient eu lieu sous Salnave furent répétées. Les bœufs, vaches et animaux de Mme Maunder furent volés et tués; ses ouvriers et travailleurs dispersés, ses commis chassés de leurs maisons avec des menaces de mort et son Agent en chef à la Tortue, M. William Maunder, son beau-frère, ancien officier dans le 10e Hussards de S. M. Britannique, après s'être adressé en vain aux autorités pour mettre un terme à ces déprédations violentes, fut obligé de se retirer de la Tortue laissant tout ce que possédait Mme Maunder aux voleurs qui s'en étaient emparés.

Des significations judiciaires furent faites à M. Arnoux pour quitter la Tortue; il s'en moqua complètement, et après avoir enlevé une quantité des plus beaux bois d'acajou de Mme Maunder (billes et fourches de qualité), il fit venir là un brick qu'il chargea avec une complète cargaison d'acajou qu'il expédia au Havre (janvier 1875) avec l'aide et la connivence des autorités locales, en dépit des actes judiciaires qui furent signifiés et contre lui et contre les autorités locales pour arrêter une telle violation de droit.

M. Spencer Saint-John, ministre résident de S. M. à Haïti, à qui Mme Maunder s'était adressée pour la protection de ses droits, ceux de ses enfants et ceux de la Banque de Liverpool comme sujets anglais, et comme il avait eu cette affaire en mains depuis ses débuts sous Salnave, après l'avoir minutieusement investiguée de nouveau, déclara les droits de Mme Maunder *être incontestables* et fit tout ce qu'il put pour porter le Gouvernement du Président Domingue à se conduire avec justice et à respecter les droits des sujets anglais si violemment outragés. Ce Gouvernement enfin reconnut les droits de Mme Maunder vis-à-vis du ministre anglais, mais déclara qu'ils étaient déterminés à prendre possession de l'île de la Tortue par tous les moyens à cause de sa grande valeur, sur quoi M. Saint-John s'adressa à l'amiral sir Georges Wellesley. L'amiral Wellesley vint à Port-au-Prince et, après avoir complètement investigué l'affaire, il reconnut les droits de Mme Maunder et déclara au Gouvernement Haïtien qu'il aurait à lui payer de très fortes indemnités pour avoir ainsi violé les intérêts anglais en dépit des droits les plus sacrés et légitimes et qu'il s'en référerait au Gouvernement de Sa Majesté sur le chiffre à payer, l'affaire représentant des intérêts trop considérables pour qu'il pût le faire lui-même (février 1875); et il laissa un navire de guerre à Port-au-Prince.

M. Saint-John ayant été nommé depuis quelque temps ministre à Lima ne se trouvait plus à Port-au-Prince lorsque l'amiral s'y présenta: c'était M. Byron le vice-consul, qui le remplaçait à la tête de la Légation, en attendant l'arrivée du major Stuart, le nouveau ministre anglais, qui arriva deux mois après.

Le Gouvernement Haïtien, au lieu de reconnaître ses torts, les augmenta par ses actes, car, en retour de la modération qui lui avait été témoignée par les agents du Gouvernement Anglais, loin d'offrir aucune réparation pour les pertes subies et les injustices commises contre Mme Maunder, il poussa au contraire si loin ses persécutions contre cette dame que, pour sauver sa liberté et même sa vie, elle fut conseillée par le vice-consul, M. Byron, de fuir à la Jamaïque (mars 1875) pour y attendre le règlement de son affaire avec le Gouvernement Haïtien.

L'exploitation de la Tortue resta donc sous le contrôle absolu du Gouvernement Haïtien assisté par M. Arnoux qui continua à expédier des cargaisons d'acajou et autres bois de valeur en s'en appropriant les produits.

Le Gouvernement du Président Domingue profitant de l'absence forcée de Mme Maunder et de l'arrivée du nouveau ministre anglais sur les lieux, voulut chercher à justifier les outrages commis en essayant de contester la nationalité anglaise du mari de Mme Maunder, le feu M. Joseph Maunder, en prétendant qu'il n'était pas le fils légitime de son père, Frédéric Maunder, un Anglais natif de Devonshire, où sa famille réside encore et dont plusieurs membres sont bien connus en Angleterre dans les professions libérales qu'ils y ont occupées avec honneur et qui ont aussi servi comme officiers de S. M. Britannique. — Et ce Gouvernement avançait une telle objection dans le moment même où il venait d'exproprier Mme Maunder avec menace, en donnant pour raison de cette violence ceci : qu'elle était sujet anglais.

Ce Gouvernement pensait que, par suite des fréquentes révolutions et des désastres qui ont eu lieu à Haïti, on ne pourrait trouver aucuns registres, ni archives prouvant un mariage qui s'était accompli depuis 70 ans passés: mais il était dans l'ignorance que depuis 34 ans déjà un document authentique avait été placé devant les autorités des revenus de la Couronne en Angleterre, lequel donnait preuve du mariage de Frédéric Maunder et de sa femme et de la légitimité de leurs enfants, un document en vertu duquel les autorités anglaises des revenus de l'État avaient reconnu cette légitimité et avaient accepté un pour cent pour droits de succession, au lieu de dix pour cent qu'ils auraient eu à payer, s'ils avaient été enfants naturels. Ce document comportait un certificat donné par le Grand-Juge d'Haïti, le plus haut fonctionnaire judiciaire de ce pays et un homme des plus honorables, attestant que le mariage était légal d'après les lois et usages du pays et que c'était un fait de notoriété publique que les parties étaient mariées et que les enfants issus de ce mariage étaient légitimes. M. Joseph Maunder n'a jamais été autre qu'un sujet anglais; jamais sa nationalité n'a été mise en question avant ce jour. Il a résidé plus de 25 ans avant sa mort à Liverpool, où il avait des relations d'affaires, comme négociant, et où il a toujours été connu de même qu'à Haïti comme un sujet anglais.

Il a épousé Mme Maunder, il y a 24 ans de cela, à Haïti, au consulat anglais et d'après les lois anglaises. Elle était petite-fille du feu président Boyer et fille du général comte de Faubert, ancien ministre haïtien à Rome, mais dont la famille a depuis de longues années résidé à Paris.

Des huit enfants issus de ce mariage, quatre sont nés en Angleterre et sont enregistrés comme sujets anglais, et les quatre autres nés à l'étranger sont enregistrés dans les consulats anglais. Les lettres patentes donnant droit de liquider sa succession, avec le testament de Joseph Maunder y annexé, ont été délivrées à sa veuve en Angleterre.

Mme Maunder a, de plus, été reconnue sujet anglais par les gouvernements haïtiens de Salnave, Nissage et Domingue, et dans la correspondance officielle échangée depuis huit ans entre ces divers gouvernements et lord Clarendon, dont l'intervention eut pour conséquence de lui faire donner la ferme de la Tortue; sa nationalité a été en outre reconnue par la Chambre des Députés à Haïti dans le rapport public qui lui fut présenté, sur l'affaire de la Tortue, de même que dans les actes judiciaires faits pour consommer son expropriation et dans lesquels ce motif même était donné : qu'elle était sujet anglais.

Cette suggestion contre sa nationalité n'a jamais été faite pendant que M. Spencer Saint-John était ministre d'Angleterre à Haïti, position qu'il avait occupée pendant plus de 12 ans, et dans la correspondance officielle échangée entre lui et le Gouvernement de Domingue au sujet de Mme Maunder. On prit immédiatement avantage de l'arrivée dans le pays d'un nouveau ministre anglais, nécessairement moins au courant des faits de l'affaire; et tous témoignages présentés par le Gouvernement contre la nationalité du feu M. Maunder, s'ils sont sérieusement examinés, seront trouvés ne mériter aucune créance et avoir été obtenus par des moyens de corruption, et de plus sont sans aucune valeur, comparés aux faits déjà exposés et qui sont confirmés par les divers documents à l'appui, dont la liste est appendue ci-après.

Mme Maunder désire appeler l'attention sur les pertes immenses causées à elle et à ses enfants par ces actes répétés d'injustice et de violence.

Ruinée une première fois par les excès du président Salnave, elle reçoit la ferme de l'île de la Tortue en compensation d'une somme de quarante mille livres sterling, estimation de ses pertes à cette date. Elle était pendant ce temps obligée de maintenir en Angleterre une famille de sept enfants et de remplir les engagements commerciaux de son feu mari dont le principal créancier était la Banque commerciale de Liverpool. Confiante en elle, la Banque de Liverpool consent à attendre jusqu'à ce que son contrat commence et prend des engagements avec elle pour le paiement de leur dette. Dans le but de remplir ses engagements, Mme Maunder se met à travailler à la Tortue. Elle vient elle-même résider dans cette île déserte, et n'épargnant ni peine, ni argent, elle réussit, lorsqu'au moment de recueillir le fruit de son labeur, le Gouvernement du Président Domingue vient, pour une seconde fois, la dépouiller et ruiner son exploitation.

Elle a donc à supporter, si elle n'est aidée par le Gouvernement Anglais, la perte de cette exploitation et des immenses capitaux qui y sont embarqués et qui s'élèvent, avec les intérêts à 70,000 livres sterling ou à peu près, sans compter la perte de ses dix-huit années de ferme, qui avait déjà produit, pour la première année où elle commençait à retirer le fruit de ses dépenses, une somme de 5,000 livres sterling qui aurait annuellement augmenté.

LISTE DES DOCUMENTS A RÉFÉRER

1° Concession de la ferme de l'île de la Tortue faite à Mᵐᵉ Maunder pour dix-neuf ans à partir de mars 1873 et donnée à elle en compensation des pertes et pillages soufferts sous le Gouvernement de Salnave.

2° Certificat du grand-juge d'Haïti que M. Frédérick Maunder, le père du feu mari de Mᵐᵉ Maunder, Joseph Maunder, était un sujet anglais et légalement marié à Joséphine, sa femme et que ses enfants étaient légitimes d'après les lois et usages d'Haïti daté : *Août 1872*, contresigné par le Consul anglais, auquel est annexée l'opinion de Sir John Dodson, avocat général de la Reine, que le certificat ci-dessus est une preuve suffisante du mariage et sur lequel les droits de testament sur la succession dudit Frédérick Maunder ont été taxés par l'administration des Revenus du Royaume pour la portion des enfants à un pour cent, ainsi que le reçu donné pour le paiement de ces mêmes droits à un pour cent.

3° Lettre de lord Clarendon, ministre des Affaires Étrangères en Angleterre, à Mᵐᵉ Maunder, la reconnaissant comme sujet anglais et recommandant ses intérêts à la garde du Chargé d'affaires anglais à Haïti, date : 1ᵉʳ juin 1869.

4° Opinion de M. B.-B. Hodges, de la Cour de la Chancellerie anglaise, que les preuves données seraient conclusives dans n'importe quelle cour de justice anglaise sur la validité du mariage, et que Mᵐᵉ Maunder et ses enfants sont naturellement sujets anglais, daté : 21 juillet 1875.

5° Assignation du Tribunal civil d'Haïti par le Gouvernement d'Haïti s'adressant à Mᵐᵉ Maunder comme sujet anglais, date : 14 décembre 1874.

6° Jugement du Tribunal civil d'Haïti annulant l'assignation et confirmant le contrat de Mᵐᵉ Maunder pour la Tortue, date : 27 janvier 1875.

7° Second jugement de la haute Cour de Cassation confirmant le premier jugement en faveur de Mᵐᵉ Maunder, date : 1ᵉʳ février 1876.

8° Plusieurs lettres des divers ministres du Gouvernement Haïtien à Mᵐᵉ Maunder et autres reconnaissant la concession de la Tortue dans des matières diverses dans les années 1873 et 1874 ; l'une d'elles désignant Mᵐᵉ Maunder comme sujet anglais.

9° Diverses déclarations confirmant la validité du mariage de Frédérick Maunder et de Joséphine sa femme, par des individus les connaissant depuis une longue période d'années.

N° 3

TRADUCTION

LÉGATION BRITANNIQUE

Port-au-Prince, 11 septembre 1875.

Son Exc. M. LIAUTAUD ÉTHÉART,
Secrétaire d'État des Affaires étrangères.

Monsieur le Ministre,

J'ai l'honneur d'accuser réception de la lettre de V. Exc. du 8 courant, en réponse à la mienne du 28 dernier, relative à l'affaire de Mme Maunder, sujette britannique, dans ses rapports avec l'île de la Tortue.

Dans cette lettre, vous écrivez ce qui suit : « Le Gouvernement, Monsieur le Ministre, après avoir scrupuleusement examiné cette pièce, a décidé de la soumettre au Corps législatif, en pleine session pour le moment. Je me suis empressé d'agir d'après cette décision, en priant les Chambres de nous faire connaître leur manière d'envisager la question. »

À l'égard de cette partie de votre communication, vous me permettrez d'observer que je ne puis comprendre pour quelles raisons et dans quel but le Gouvernement a décidé de soumettre cette affaire au Corps législatif. Les attributions de ce corps sont de faire des lois, de contrôler ou de blâmer, selon le cas, les actes d'administration accomplis par l'Exécutif dans le cercle de ses devoirs et de ses obligations.

Or, dans cette affaire, il n'y a point lieu de légiférer : il ne s'agit pas non plus d'actes administratifs accomplis par l'Exécutif dans le cercle de ses devoirs et obligations. Ce qui est demandé a pour but d'obtenir l'accomplissement par l'Exécutif d'un acte administratif conforme à la justice et en exécution de jugements rendus par les Tribunaux compétents du pays.

Les droits et les préjudices de Mme Maunder, dans leurs rapports avec l'île de la Tortue, sont clairement formulés dans l'exposé que j'ai eu l'honneur de transmettre à V. Exc. dans ma lettre du 28 dernier. Ces droits furent conférés et ces préjudices infligés par le Gouvernement de ce pays : réparation pour ces préjudices est maintenant réclamée du Gouvernement, et cette réparation devrait être faite, eu égard au point où l'affaire est arrivée, non par le Pouvoir législatif, mais par le Pouvoir administratif de l'État.

Ce principe admis, si aucune divergence d'opinion s'élevait, quant au montant de compensation justement due à Mme Maunder, elle devra s'arranger entre votre Gouvernement et la Légation de S. M. Britannique. Mais je ne puis en aucune façon, consentir à ce que l'affaire, dans sa présente phase, soit soumise au Corps législatif. Car, outre qu'une telle procédure serait inconstitutionnelle et contraire à la nature du litige, on ne peut qu'y prévoir une cause possible de nouvelles difficultés et de délais auxquels, en bonne justice, l'affaire ne doit pas être exposée.

Pour ces motifs, je proteste donc formellement contre la décision du Gouvernement de soumettre l'affaire en question au Corps législatif. Et je voudrais vous prier, Monsieur le Ministre, d'être assez bon pour me faire savoir, le plus tôt qu'il vous conviendra, afin d'en informer le Gouvernement de S. M. Britannique, si oui ou non, le Gouvernement entend faire droit, sans autre délai, aux réclamations que j'ai formulées, à la date du 28 dernier, de la part de Mme Célie Maunder.

J'ai l'honneur d'être, avec le plus grand respect, de Votre Excellence, le très humble et très obéissant serviteur,

R. STUART.

N° 4

TRADUCTION

LÉGATION BRITANNIQUE

Port-au-Prince, 3 octobre 1876.

A SON EXC. M. LIAUTAUD ETHÉART.

SECRÉTAIRE D'ÉTAT DES AFFAIRES ÉTRANGÈRES.

Monsieur le Secrétaire d'État,

J'ai l'honneur d'appeler l'attention de V. Exc. sur la conclusion de ma dépêche à V. Exc. du 14 écoulé, laquelle, après un laps de trois semaines, est toujours sans réponse.

En vous priant maintenant de me faire la faveur de la réponse demandée, je prendrai la liberté d'observer que c'est sur vous, Monsieur le Ministre, comme chargé des affaires étrangères du Gouvernement, que pèse la responsabilité des fâcheux délais qui ont eu lieu dans la marche de cette affaire de Mme Maunder, depuis que je vous l'ai soumise, le 28 août dernier, — délais, permettez-moi de le dire, qui s'accordent peu avec les assurances verbales que j'ai reçues de vous sur ce sujet, peu après la constitution du présent Gouvernement.

J'ai l'honneur d'être, avec le plus profond respect, de Votre Excellence, le très humble et très obéissant serviteur,

R. STUART.

RELATIONS EXTÉRIEURES

Port-au-Prince, 6 octobre 1875

MONSIEUR LE MAJOR STUART.

Ministre de S. M. Britannique.

Monsieur le Ministre.

J'ai l'honneur de vous accuser réception de vos deux dépêches du 14 septembre et du 3 octobre, ayant trait toutes deux aux réclamations que vous avez faites au nom de Mme Maunder.

Après réception de votre première dépêche du 28 août, je m'empressai de vous donner avis que mon Gouvernement s'était décidé à communiquer aux Chambres, en pleine session législative, la réclamation de Mme Maunder, afin de connaître leur manière d'envisager une solution qui intéresse à un si haut degré l'administration financière du pays. Ce n'était pas une solution que je demandais au Corps législatif, et il me semblait que vous ne faisiez aucune opposition à cette communication aux Chambres, quand me parvint votre dépêche du 14 septembre. Vous m'annonciez alors que vous protestiez d'une manière formelle contre la résolution du Gouvernement.

Depuis, j'ai eu l'honneur d'avoir une entrevue avec vous, et je vous ai exposé les motifs du retard que j'avais mis à répondre à votre dépêche : la session législative, devenant de plus en plus exigeante au moment où elle va se clore, ne me donnait pas le temps de m'occuper, avec tout le soin qu'elle mérite, de l'affaire de Mme Maunder, et je vous priai en conséquence d'attendre la prochaine clôture, afin de commencer des négociations sérieuses qui ne devaient pas s'interrompre pour aboutir à bonne fin.

Et, comme moyen d'arriver à un résultat plus prompt, je vous proposai de déférer l'affaire qui nous occupe à une Commission mixte, munie de tous les documents fournis par la partie plaignante.

J'ajoutai, Monsieur le Ministre, que semblable proposition avait été faite par moi à M. le Ministre de France, qui l'avait acceptée en principe.

Vous m'avez répondu alors que vous feriez une réponse verbale à mes communications, et je l'ai attendue jusqu'au 3 courant, quand m'est parvenue votre dépêche du même jour.

Vous rappelez à mon souvenir que votre lettre du 14 septembre est restée sans réponse, et vous me faites observer que la responsabilité des délais fâcheux qui entravent la marche de l'affaire de Mme Maunder ne pèse que sur moi.

Tous ces faits établis, il convient d'arriver à un arrangement qui permette de terminer, à la satisfaction des parties, l'affaire de Mme Maunder, et voici, Monsieur le Ministre, ce que j'ai l'honneur de vous proposer à cette fin.

L'exposé de Mme Maunder, que vous m'avez communiqué, n'établissant pas d'une manière précise ce qu'elle entend demander, en réparation des torts dont elle se plaint, il serait utile, je pense, que sa demande fût exactement formulée et qu'elle me mît en possession, par l'intermédiaire de votre légation, de tous les documents de nature à éclairer la question et à établir la somme des pertes qu'elle a supportées.

Ce point de départ me semble indispensable, et j'ai l'espoir, Monsieur le Ministre, que cette proposition aura votre pleine et entière approbation.

J'ai l'honneur, etc.

L. ETHÉART.

N° 6

LÉGATION BRITANNIQUE

14 octobre 1876.

MONSIEUR L. ETHÉART,

Secrétaire d'État aux Relations extérieures.

Monsieur le Secrétaire d'État,

J'ai l'honneur d'accuser réception de votre dépêche du 6 courant, dans laquelle, après avoir répliqué à la mienne du 14 septembre et du 4 courant, vous exprimez l'opinion qu'il serait utile de faire une demande exactement formulée de ce que Mme Maunder entend réclamer en réparation des dommages dont elle se plaint, et de vous mettre en possession, par l'intermédiaire de cette légation, de tous les documents de nature à jeter la lumière sur la question et à établir le montant des pertes qu'elle a subies.

Vous ajoutez que ce point de départ vous semble indispensable.

En réponse, j'ai l'honneur de dire que j'aurai très prochainement l'occasion d'adresser à Votre Excellence une dépêche répondant à votre désir d'une manière ample et complète.

En attendant, je vous transmets sous ce couvert copie d'une lettre que j'ai reçue de Mme Maunder, laquelle demande qu'avant toute discussion quant à la somme totale de l'indemnité à lui payer, il lui soit alloué une provision suffisamment large pour soulager sa présente position et lui permettre de satisfaire aux engagements urgents que cette position a créés, provision qui sera déduite de la somme à lui payer ultérieurement.

En appuyant cette demande, je compte, Monsieur le Secrétaire d'État, sur votre équité, vous rappelant seulement que votre Gouvernement a affaire à une honorable dame, mère de famille, que les actes du précédent Gouvernement ont complètement ruinée au point de vue matériel, et frappée de terribles catastrophes dans le cercle sacré de la famille et dans les affections de cœur qu'aucune indemnité pécuniaire, si grande qu'elle soit, ne saurait dédommager.

Je n'ai pas besoin de répéter que le peuple haïtien est responsable des pertes que Mme Maunder a endurées par les actes de ce Gouvernement ; responsable non seulement envers cette dame elle-même, mais aussi envers le Gouvernement Britannique dont elle est sujette, et qui s'en tiendra à l'opinion qu'il s'est faite de son affaire. Vous ne pouvez, en conséquence, agir trop promptement et trop efficacement pour justifier votre pays de la tache profonde que sa réputation a subie par suite des injures énormes faites à Mme Maunder.

Je vous prierai, Monsieur le Secrétaire d'État, de vouloir bien faire une réponse immédiate à l'avant-dernier paragraphe de cette dépêche.

J'ai l'honneur d'être, etc.

R. STUART.

N° 7
—

Port-au-Prince, 7 octobre 1876.

A MONSIEUR LE MAJOR STUART,
  MINISTRE DE SA MAJESTÉ BRITANNIQUE.

Monsieur le Ministre,

Je vous envoie en communication le protêt que j'avais adressé, en janvier 1875, au Représentant de sa Majesté en Haïti, votre prédécesseur, pour me plaindre des actes de violence, d'injustice et d'illégalité, exercés contre moi, dans mon exploitation de l'île de la Tortue, par le Gouvernement d'Haïti, sous le général Domingue ; je vous envoie également la réponse du Ministre anglais à ma lettre officielle.

Vous verrez que dès cette époque, par suite de ces violences, des grandes pertes qui en étaient résultées pour moi, et du peu de sécurité que je trouvais, j'avais renoncé à cette exploitation, et demandais purement et simplement le remboursement de mes capitaux et de forts dommages intérêts pour mes pertes et les torts à moi causés, ainsi que j'en avais le droit aux termes de mon contrat.

Vous verrez aussi que, dès cette époque, le Ministre anglais qui avait minutieusement investigué cette affaire, reconnaissait pleinement mes droits.

Depuis, Monsieur le Ministre, loin de me donner restitution pour mes pertes, le Gouvernement d'Haïti avait augmenté ses actes arbitraires et violents à mon égard ; à la prise par force et à main armée de ma propriété, s'étaient joints le pillage et la ruine complète de l'Exploitation, qui a amené ma ruine personnelle et la perte de mon crédit ; des persécutions de toutes sortes, des tentatives d'emprisonnement et finalement un exil de seize mois que j'ai eu à subir, moi mère de famille, non seulement dépouillée de ma fortune, mais complètement dénuée de toutes ressources. Je n'insisterai pas sur le spectacle des souffrances et des cruelles angoisses que j'ai éprouvées par le fait du Gouvernement d'Haïti ; mais je vous rappellerai que tous ces torts ont été exposés dans les réclamations que j'ai adressées de nouveau et directement au Gouvernement Anglais lui-même en avril de cette année et que le Gouvernement de Sa Majesté y a fait droit et a bien voulu les protéger, ainsi que le prouve la dépêche adressée à mes avocats MM. Tilliard, Godden et Holme, à la date du 26 mai 1876, par lord Derby.

Il n'y a donc plus en ce moment qu'à stipuler le chiffre de l'indamnité qui m'est due et je demande que : eu égard au temps considérable qui s'est écoulé depuis que cette affaire est en litige et à la position plus que pénible qui en est résultée pour moi et mes enfants, par ces délais qui n'avaient pas leur raison d'être, que, avant toute discussion sur le chiffre total de l'indamnité à me payer, il me soit alloué une provision suffisamment large pour remédier à ma position actuelle et me permettre de satisfaire les impérieux engagements que cette position m'a créés, provision qu'on déduira ensuite de la somme qui me sera payée ultérieurement. Je pense que le nouveau Gouvernement d'Haïti qui a remplacé celui du général Domingue mû par des sentiments de justice et d'équité, désireux de prouver son respect pour ces principes si différents de ceux qui animaient le Gouvernement précédent, aussi bien que pour témoigner de son bon vouloir envers le Gouvernement Anglais, accédera à cette demande si juste en elle-même ; car il y aurait non seulement injustice, mais cruauté à prolonger sans nécessité les angoisses et la dure position d'une mère de famille.

Je saisis cette occasion, Monsieur le Ministre, pour vous renouveler les assurances de ma plus haute considération.

CÉLIE MAUNDER

Nº 8

RELATIONS EXTÉRIEURES.

Port-au-Prince, 17 octobre 1876.

A MONSIEUR LE MAJOR STUART,
    Ministre de sa Majesté Britannique.

Monsieur le Ministre,

J'ai reçu la lettre que vous m'avez fait l'honneur de m'adresser le 14 du courant en me remettant copie de celle que Mme veuve Maunder vous a écrite le 7 de ce mois. Vous me demandez de vous faire parvenir une réponse relativement au dernier paragraphe de votre dépêche.

Permettez-moi de vous prier de transmettre à Mme Maunder le regret du Gouvernement de ne pouvoir accéder à son désir, la loi organisant le service de l'Administration financière de la République faisant le devoir au Ministre des Finances de n'autoriser aucune sortie de fonds qu'au préalable une ordonnance de dépense, accompagnée de toutes les pièces justificatives nécessaires, ait été émise.

Agréez, etc.

L. ETHÉART.

Nº 9

LÉGATION BRITANNIQUE

le 14 novembre 1876.

A S. Exc. M. L. ETHÉART,
    Secrétaire d'État des Relations extérieures.

Monsieur le Ministre,

Sous ce pli j'ai l'honneur de remettre à Votre Excellence, la liste des pertes que Madame Maunder a souffertes dans l'affaire de la Tortue.

Je remets aussi des pièces à l'appui des réclamations faites.

En vous priant, Monsieur le Ministre, de vouloir bien prêter votre attention immédiate à ces pièces, je profite de l'occasion pour renouveler, etc.

R. STUART.

N° **10**

—

Traduction

—

LÉGATION BRITANNIQUE

le 24 janvier 1877.

A S. Exc. M. L. ETHÉART,
  Secrétaire d'État des Relations extérieures,

Monsieur le Secrétaire d'État,

Il y a déjà plus de deux mois que je vous ai transmis une liste de réclamations que fait Mme Maunder pour les pertes qu'elle a supportées dans l'île de la Tortue par suite des procédés injustes du dernier Gouvernement. Pour chaque réclamation dans cette liste, des pièces justificatives étaient aussi transmises en même temps.

Après un laps d'une quinzaine environ, ces papiers étaient, non sans sollicitation réitérée de ma part, soumis au Conseil des Secrétaires d'État qui a décidé qu'ils seraient renvoyés au conseiller légal du Gouvernement, pour avoir son opinion écrite à ce sujet. Lorsque cette décision me fut communiquée, l'un de vos collègues me dit qu'il faudrait tout un mois pour obtenir l'opinion de l'avocat du Gouvernement; vu que, remarqua-t-il, les affaires ne se traitent pas vite dans ce pays.

J'avoue que j'étais frappé d'apprendre qu'il faudrait tout un mois pour préparer un rapport sur une affaire dont l'avocat du Gouvernement se trouvait avoir une connaissance minutieuse. Mais à cela il n'y avait pas de remède. Aussi j'attendis non un mois, mais deux et jusqu'ici je n'ai reçu aucune réponse. A mes demandes réitérées, votre bureau m'a donné la réponse invariable que le rapport légal n'avait pas encore été envoyé, mais qu'il était attendu chaque jour.

Assurément vous ne pouvez supposer, Monsieur le Secrétaire d'État, que je puisse être satisfait de cette manière de traiter une affaire où se trouve engagée toute la fortune d'une sujette britannique et que j'ai reçu de mon Gouvernement l'ordre d'appuyer; ou que je saurais admettre la nécessité du long délai auquel l'affaire a été soumise par le Gouvernement actuel. Je connais bien la situation embarrassée du Trésor public. Nul plus que moi ne déplore les difficultés du Pays. Mais ni ces difficultés, ni rien que je sache, auraient dû retarder si longtemps la solution d'une question dont le principe ne peut être contesté, question dont vous m'avez donné vous-même l'assurance d'un règlement prompt et satisfaisant.

Ç'a été, dès l'origine, mon désir de régler l'affaire d'une manière amicale : vous en avez des preuves en abondance. Tout ce que je puis dire maintenant, c'est que cette affaire doit être réglée. La compensation due à une sujette britannique pour pillage et spolation provenant du Gouvernement Haïtien ne peut être indéfiniment ajournée ; et si mes efforts pour effectuer un arrangement ne rencontrent que de nouveaux délais, ce sera mon devoir de transmettre à mon Gouvernement la correspondance que j'ai eue avec vous sur la question et de demander de nouvelles instructions.

J'ai l'honneur d'être, etc.

R. STUART.

N° 11

RELATIONS EXTÉRIEURES.

Port-au-Prince, le 9 février 1877.

MONSIEUR LE MAJOR R. STUART,
    MINISTRE DE SA MAJESTÉ BRITANNIQUE,

Monsieur le Ministre,

Le Gouvernement a pris connaissance des documents que vous lui avez fournis à l'appui de la réclamation de Mme Maunder, et j'ai l'honneur de vous transmettre aujourd'hui le résultat de l'examen de cette affaire, dont l'étude a demandé des soins et du temps.

Permettez-moi de commencer par un exposé succinct des faits qui la constituent.

En 1862, le Gouvernement ayant résolu de faire exploiter les forêts de l'île de la Tortue, mit cette entreprise au concours et le Conseil des Secrétaires d'État accepta l'offre et les conditions faites par M. Ed. Devèze.

Le 26 mars de cette année, par acte au rapport de M. Valcourt Frédérique, signé par l'administrateur général des Domaines au nom du Gouvernement et par M. Edmond Devèze, le Gouvernement concéda à ce dernier l'exploitation des bois de l'île de la Tortue, aux conditions stipulées dans ledit acte, pour sept années. Quelque temps après, ce contrat fut modifié par un acte public et M. Edmond Devèze eut la concession pour dix ans au lieu de sept.

M. Edmond Devèze créa une Société par actions dont il était le directeur-gérant.

Il ressort des documents produits à l'appui de la réclamation de Mme Maunder et surtout de la copie d'une lettre du 18 mai 1866 adressée par Ed. Devèze à MM. Prosper Élie, dont l'original n'est pas au dossier, que ces derniers auraient fait des avances de fonds à la Compagnie de l'île de la Tortue, qui leur avait donné en garantie une quantité de six à sept cent mille pieds de bois d'acajou.

La maison de commerce Prosper Élie était depuis longtemps en relation d'affaires avec M. Joseph Maunder qui, de son côté, fournissait des fonds à Prosper Élie.

Ce dernier est mort, devant beaucoup d'argent à Joseph Maunder.

Il ressort aussi de la copie d'un certificat du 3 mars 1867, dont l'original n'est pas produit, que la maison Prosper Élie aurait transféré à la maison Joseph Maunder, comme garantie d'une somme de vingt-deux mille sept cent cinquante-sept livres sterling, les six ou sept cent mille pieds de bois d'acajou que lui devait la Compagnie de l'île de la Tortue.

C'est ce certificat qui constitue ce que Mme Maunder appelle improprement une hypothèque.

Ce certificat est un acte sous seing privé et l'hypothèque ne peut être consentie que par acte authentique.

Quelque temps après ces transactions, Edmond Devèze, Prosper Élie et Joseph Maunder moururent l'un après l'autre.

M. Adolphe Élie, à cause des grands intérêts engagés dans l'exploitation des bois de l'île de la Tortue par la maison Prosper Élie, fut nommé gérant provisoire de la Société.

En 1868, la guerre civile éclata dans le pays. Salnave, promenant la dévastation dans tout le pays, n'oublia pas l'île de la Tortue.

Mais ce gouvernement de désordre fut renversé en décembre 1869.

En 1870, la révolution triomphante, sur la réclamation des Puissances étrangères, accorda d'amples dédommagements aux étrangers qui avaient essuyé des pertes par le fait de Salnave et de ses agents.

Mme Maunder avait aussi droit à dédommagements, mais au lieu de demander des espèces, elle consentit à recevoir du Gouvernement la ferme de l'île de la Tortue pour dix ans consécutifs, à partir de l'expiration du bail d'Edmond Devèze. Cela est constaté par une dépêche de M. T. Rameau, alors Secrétaire d'État des Finances de la République, en date du 22 mars 1870.

Le 4 avril 1874, ce même gouvernement, suivant une dépêche du général Lamothe, alors Secrétaire d'État de l'Intérieur, accorda à Mme veuve Maunder une nouvelle prolongation de la ferme de la Tortue pendant neuf autres années.

Munie de ces pièces et dès 1872, Mme Maunder, revenant d'Europe, se transporta à la Tortue, où elle séjourna longtemps, suivant elle-même la marche des travaux exécutés par le personnel qu'elle y avait conduit, en vertu de la permission consignée dans la dépêche du général Lamothe.

Un M. Arnoux, arrivé de France et chargé de surveiller à la Tortue les intérêts de la maison Miège, de Paris, en relation d'affaires avec Mme

Maunder. tenta de se substituer à Mme Maunder, et s'entendit peut-être à cette fin avec M. Rameau, vice-président du Conseil des Secrétaires d'État sous le gouvernement du général Domingue. Ce dernier fit assigner Mme Maunder au Tribunal civil du Port-au-Prince en paiement d'une somme qu'elle ne devait qu'en partie et en résiliation de son bail.

Le Tribunal civil, sur la demande de Mme Maunder, se déclina et renvoya l'État à se pourvoir devant le Tribunal arbitral.

Ce jugement déplut à Septimus Rameau, qui destitua le doyen du tribunal et attaqua la décision devant le Tribunal de cassation.

Devant ce Tribunal, le pourvoi du Gouvernement fut écarté par une fin de non recevoir. Pendant ce temps, Mme Maunder fut forcée de partir pour la Jamaïque pour ne pas être arrêtée. M. Arnoux, sans aucun droit, fut installé à la Tortue. Mme veuve Joseph Maunder demande au Gouvernement actuel de lui restituer les capitaux qu'elle a mis dans cette exploitation, sous la foi des contrats signés avec le Gouvernement d'Haïti, et la réparation des torts qu'elle a essuyés par la violence et la mauvaise foi du gouvernement du général Domingue.

Elle formule quatre chefs de demande et estime que l'État lui doit la somme de £ 142,208 16 sh. 10 d.

Je vais passer maintenant à la discussion de ces quatre chefs de demande.

Par le premier chef de sa demande, Mme veuve Maunder réclame une somme de £ 54,528 16 sh. 10 d.

Cette somme provient, selon Mme Maunder, d'une avance de £ 35,000 faite par son mari à l'exploitation de la Tortue et des intérêts de cette somme à 6 0/0 du 31 décembre 1868 au 30 juin 1876.

Le document produit par Mme Joseph Maunder porte la date du 3 mars 1867.

C'est une copie certifiée d'une cession qui aurait été consentie à Joseph Maunder par la maison Prosper Élie, dont le chef était mort le 23 février 1867.

S'il n'y a pas une erreur dans la date de cette pièce, elle n'a pu être signée que par Adolphe Élie, qui gérait à cette date la maison Prosper Élie. Il est aussi bon de remarquer qu'au bas même de ce document il y a aussi, à cette même date du 3 mars 1867, la copie d'un second certificat signé d'Adolphe Élie, en sa qualité de directeur-gérant provisoire de l'exploitation de la Tortue.

Pourquoi Mme Maunder, faisant une réclamation d'une si grande importance ne soumet-elle à l'appui de ses prétentions que les copies et non les originaux mêmes des pièces sur lesquelles elle fonde sa demande ?

Ces originaux sont déposés à Paris, en l'étude de Me Fovard.

Mais d'abord, comment Me Fovard a-t-il pu constater que la pièce qui lui a été soumise est l'original du certificat de la maison Prosper Élie. Me Fovard n'ayant aucun moyen ni aucune qualité pour constater l'identité de la signature posée au bas de la pièce qui lui a été réellement déposée.

Mais, à part cette question, il faut remarquer que la pièce produite par Mme Maunder pour réclamer un capital de £ 35,000 et les intérêts de cette somme du 31 décembre 1868 au 30 juin 1876, ne justifie pas complètement ce premier chef de demande.

Car, en effet, par la seule lecture du certificat de la maison Prosper Élie on voit que la somme avancée par Joseph Maunder était de £ 22,757 au 3 mars 1867. Il est vrai que cette même pièce faisait prévoir que d'autres avances pourraient être faites par Joseph Maunder, mais aucune pièce au dossier ne prouve qu'une autre somme ait été ajoutée à la première.

C'est là un point sur lequel le Gouvernement est bien fixé.

Ce capital de £ 35,000 n'est donc nullement justifié et, de plus, rien ne prouve que les £ 22,757 aient été employées dans l'exploitation de l'Ile de la Tortue, encore que le certificat dont il est question soit valable en tous points. Le fait qui paraît certain, c'est que Prosper Élie devait cette somme à Joseph Maunder et qu'il a donné à ce dernier, en garantie, six à sept cent mille pieds de bois d'acajou lui appartenant à la Tortue.

Et puis, je vous prierai de remarquer qu'aucune constatation exacte n'est faite de la quantité de ces bois qui, d'après le même certificat, varie de cent mille pieds.

Le second chef de la demande formulée par Mme Maunder tend à établir que le Gouvernement d'Haïti doit payer une somme de £ 17,680 due par Joseph Maunder à la Banque commerciale de Liverpool, Mme Maunder ayant donné à la Banque garantie sur le contrat de la Tortue.

Ce chef de demande n'est nullement justifié, et quels que soient les engagements de Mme Maunder vis-à-vis de la Banque de Liverpool, le Gouvernement ne sera jamais tenu de payer les sommes dues à la Banque de Liverpool par Joseph Maunder. On conçoit à peine que cette idée soit venue à Mme veuve Maunder.

Il importe peu au Gouvernement que M. Maunder doive ou non à la Banque commerciale de Liverpool n'importe quelle somme.

Libre à la Banque de Liverpool de recevoir en garantie de ce qui peut lui être dû le contrat de Mme Maunder ; mais le Gouvernement, s'il était tenu à une restitution, n'aurait à restituer que les sommes véritablement employées par Joseph Maunder et sa veuve dans l'exploitation de la Tortue, sans s'inquiéter de la manière dont les époux Maunder se sont procuré lesdites sommes. Et aucun des documents produits par Mme Maunder ne prouve que cette somme de £ 17,680 ait été employée dans l'île de la Tortue.

Les trois traites Delly à Maunder escomptées par la Banque de Liverpool et protestées, faute de paiement, après la mort de Joseph Maunder, produites par Mme Maunder pour justifier sa demande, ne prouvent pas du tout que ces sommes aient été versées dans les opérations de la Tortue.

Ce second chef de la demande de Mme veuve Maunder est donc mal fondé.

Mme Maunder réclame aussi du Gouvernement la restitution d'une somme de £ 10,000. capital nouveau qu'elle a employé à la Tortue, et pour justifier ce troisième chef de sa demande, elle présente un exposé des travaux exécutés à la Tortue consistant en routes et chemins, mares creusées pour abreuver les animaux, fontaines et bassins en ciment romain, bois neuf et enclos, maisons et constructions sur la crête du morne comprenant maisons d'habitants, mobilier et marchandises, matériel, hattes et animaux, etc., etc.

Il me semble vraiment, Monsieur le Ministre, qu'une réclamation de cette importance devait être appuyée de documents justificatifs autres que celui présenté par Mme Maunder.

En effet, la pièce produite par elle n'est qu'une longue énumération de travaux qu'elle dit avoir exécutés à la Tortue, et elle ne remet aucune pièce de nature à prouver ce qu'elle avance.

Il lui appartenait de le faire, en sa qualité de réclamante, et comme aussi d'appuyer la note de ses travaux de comptes justificatifs, de chiffres que l'on serait appelé à vérifier.

Rien de tout cela !

Des travaux qui sont évalués £ 10,000, voilà tout !

Mon Gouvernement exprime donc le désir que vous le mettiez à même, à l'aide de Mme Maunder. d'apprécier le bien fondé et la valeur de cette troisième réclamation.

Mme Maunder réclame, enfin. du Gouvernement une dernière valeur de £ 60,000 montant, dit-elle, du résultat qu'elle aurait obtenu si elle avait obtenu la jouissance de sa ferme pendant les dix-huit années.

Ce quatrième chef de la demande de Mme Maunder ne me paraît pas devoir être pris en considération, car Mme Maunder ne devait jouir de la Tortue pendant dix-huit ans qu'à la condition bien exprimée de renoncer à toutes réclamations antérieures à l'époque de son bail, et c'est justement parce qu'elle n'a pas eu cette jouissance qu'elle se croit fondée aujourd'hui à demander le remboursement de la somme avancée par son mari à l'exploitation de la Tortue, où il y avait six à sept cent mille pieds d'acajou.

Si l'on pouvait accorder à Mme Maunder une somme quelconque représentant les dix-huit années de la jouissance qui lui était promise de sa ferme à la Tortue, il faudrait, en vertu même des termes de la lettre de M. T. Rameau, 22 mars 1870, déclarer mal fondés tous les autres chefs de la réclamation de Mme veuve Maunder.

En effet, Mme Maunder a été payée, par une concession de dix-huit années de ferme de l'île de la Tortue, des torts qui lui ont été occasionnés avant cette concession. Si le Gouvernement venait aujourd'hui à lui rembourser le montant de ces dix-huit années de ferme, il aurait payé deux fois. Cela ne me paraît pas admissible.

Si Mme Maunder avait eu la jouissance de sa ferme, serait-elle admise maintenant à demander paiement des premiers torts à elle occasionnés ? Et puisqu'elle n'a pas joui, peut-elle demander et paiement de la ferme et paiement des torts ?

J'ai trop de confiance dans votre justice, Monsieur le Ministre, pour ne pas penser que vous reconnaîtrez avec moi que ce dernier chef de la demande de Mme Maunder doit être complètement écarté.

En résumé, après l'étude consciencieuse et approfondie des réclamations de Mme Maunder, ainsi que des documents qu'elle a produits, mon Gouvernement pense qu'il n'y a pas lieu d'admettre les deuxième et quatrième chefs de la demande, que le troisième, avant d'être pris en considération, demande à être appuyé de pièces probantes, et, en ce qui concerne le premier, qu'il est juste que Mme Maunder soit indemnisée de la valeur réelle des bois d'acajou qu'elle avait à la Tortue, au moment où M. Maunder les recevait en garantie des sommes que lui devait la maison Prosper Élie de cette ville.

Une enquête, qui est de toute nécessité dans l'espèce, établira cette indemnité.

C'est ce que j'ai l'honneur de vous proposer.

Veuillez agréer, etc.

L. Ethéart.

* * *

N° 12

TRADUCTION

LÉGATION BRITANNIQUE

23 février 1877.

M. L. ÉTHÉART,

Secrétaire d'État des relations extérieures.

Monsieur le Secrétaire d'État,

Au sujet de l'affaire Maunder, je vous prierai d'être assez bon pour me fournir une copie du rapport y relatif du conseiller légal du Gouvernement.

Malgré mon profond respect pour l'analyse que vous avez faite et que vous m'avez transmise des réclamations de Mme Maunder, je suis en même temps désireux de posséder les vues de l'avocat du Gouvernement à cet égard, dans le texte original et comme il les a exprimées lui-même.

Dernièrement j'ai eu le plaisir de vous montrer une dépêche du Secrétaire d'État de S. M. Britannique pour les Affaires Étrangères m'exprimant sa satisfaction de l'arrangement qui a été fait des affaires de M. Stevens. Je crois pouvoir assurer qu'un arrangement équitable de l'affaire Maunder provoquerait une semblable marque de satisfaction de la part du Gouvernement de S. M. et comme le Parlement Britannique siège en ce moment et que les affaires de la saison sont commencées, on en pourrait profiter pour agir d'une manière favorable aux intérêts haïtiens sur les Bourses en Angleterre.

J'ai l'honneur d'être, etc.

R. STUART.

N° 13

RELATIONS EXTÉRIEURES

Port-au-Prince, 1ᵉʳ mars 1877.

À M. LE MAJOR R. STUART,
MINISTRE DE SA MAJESTÉ BRITANNIQUE.

Monsieur le Ministre,

J'ai l'honneur de vous accuser réception de votre lettre du 23 courant.

Les notes remises au Conseil des Secrétaires d'État sur l'affaire de Mⁿᵉ Maunder par l'avocat au contentieux ont été examinées et étudiées avec soin, et c'est sur ces notes qu'a été rédigée la dépêche que j'ai eu l'honneur de vous adresser à la date du 9 février.

C'est donc la pensée exacte tant de l'avocat au contentieux que du Gouvernement que je vous ai transmise. La copie des notes de ce fonctionnaire, qui d'ailleurs ne constitue pas une pièce officielle, n'ajouterait aucune nouvelle lumière à la question qui nous occupe.

Je profite de la circonstance pour vous annoncer que M. Stevens est intégralement payé de son ordonnance, et je vous prie de croire que je prends bonne note du désir que vous manifestez d'arriver à un arrangement équitable de l'affaire de Mⁿᵉ Maunder.

Je vous donne l'assurance que ce désir est vivement partagé par mon Gouvernement.

Agréez, etc.

L. ÉTHÉART.

LÉGATION BRITANNIQUE

Le 12 mars, 1877.

A MONSIEUR L. ETHÉART,
Secrétaire d'État des Relations extérieures.

Monsieur le Secrétaire d'État,

En répondant aujourd'hui à votre dépêche en date du 9 février dernier relative aux réclamations de Mme veuve Joseph Maunder, j'ai à m'excuser d'avoir pris un si long temps; mais il fallait, dans une affaire aussi capitale et aussi importante, peser attentivement chacune des objections formulées par votre Gouvernement, et répondre d'une façon qui ne laissât plus de place à la discussion.

Je me plais à rendre justice, Monsieur le Secrétaire d'État, à la bonne foi de votre Gouvernement, qui a sagement compris qu'il devait tout d'abord reconnaître le principe de l'indemnité réclamée. Je ne manquerai pas de porter à la connaissance de mon Gouvernement cette première solution donnée à la demande qui nous préoccupe, et de lui faire savoir que si la moindre contestation pouvait encore s'élever entre nous, elle ne pourrait plus toucher qu'à la question de chiffres à fixer.

Je prends acte des déclarations qu'à ce sujet vous m'avez faites au nom de votre Gouvernement, et je m'empresse de vous soumettre les arguments que j'oppose aux différentes objections produites dans votre dépêche précitée.

Je ne reviendrai pas sur le détail des faits qui ont amené les réclamations de Mme Maunder et les justifient si complètement. Ces faits, vous les connaissez, et vous les avez très judicieusement appréciés. Le plus simple examen de la double éviction dont Mme Maunder a été la victime, les circonstances dans lesquelles ces évictions se sont produites, révèlent trop clairement la responsabilité encourue par le Gouvernement Haïtien et établissent d'une manière trop péremptoire les droits de la réclamation pour qu'il soit utile d'insister sur ce point.

Je passe dès lors à la discussion des objections que le Gouvernement Haïtien a cru devoir soulever contre les quatre chefs de demande de Mme Maunder.

1° Demande de remboursement de la somme de £ 54,525 16 sh. 10 d. provenant du capital de £ 35.000 avec intérêts à 6 0/0 l'an du 31 décembre 1868 au 30 juin 1876.

2° Demande de remboursement de la somme de £ 17,650 due par feu

Jos. Maunder à la Banque de Liverpool, et dont le paiement a été garanti à cette dernière sur les bois de la Tortue.

3e Demande de restitution de la somme de £ 10,000, capital nouveau employé par Mme Maunder à la Tortue depuis le commencement de sa propre concession.

4° Enfin, paiement de £ 60.000, valeur approximative des résultats qu'elle aurait obtenus si elle n'avait pas été expulsée de la Tortue.

Le premier chef ne peut faire l'objet d'une contestation sérieuse. Il est facile de prouver que, contrairement à ce qu'allègue le Gouvernement Haïtien, la pièce qui sert de fondement à la réclamation formulée sous ce numéro, est un document parfaitement légal et dont l'existence ne saurait être valablement contestée. Il émane d'un notaire français qui a constaté avoir dans ses archives reçu en dépôt un acte sous signature privée, comportant une obligation à la charge d'une maison de commerce haïtienne en faveur d'un négociant étranger, absolument comme le ferait un notaire haïtien sur une réquisition semblable. C'est tout ce que dit l'acte de Mr Fovard, et il ne pouvait dire autre chose. La crainte des révolutions et des incendies périodiques qui ont lieu à Haïti a déterminé les héritiers de M. Jos. Maunder à sauvegarder ainsi d'une perte à peu près certaine, le titre de leur créance contre Prosper Élie et Cie.

D'un autre côté, Monsieur le Secrétaire d'État, je vous prie de remarquer que le Gouvernement Haïtien n'a pas envisagé la question à son véritable point de vue : il considère le capital argent, et non le capital bois qui devait être restitué. D'une part, la quantité de bois à livrer, varie intentionnellement entre six et sept cent mille pieds, afin de garantir la maison Maunder contre toutes les fluctuations du marché et de couvrir d'une façon absolue le capital et les bénéfices légitimes qu'entrainerait une pareille mise de fonds. De l'autre côté je vous ferai observer que par la nature même de la transaction, les bois devraient être livrés à la maison Maunder, non sur les rivages de la Tortue, mais sur les quais de Liverpool. Par conséquent, l'estimation de Mme Maunder pour le capital bois, en restant au-dessous de la valeur même des bois pris sur le rivage de la Tortue, ne s'explique que par le deuxième chef de sa réclamation en faveur de la banque, dont la créance comble la différence du prix des bois rendus à Liverpool. Cet esprit du contrat se révèle d'une façon manifeste par la marge même laissée dans la quantité de bois à livrer. Cette marge n'était, ainsi que j'ai eu l'honneur de vous le dire plus haut, qu'une garantie donnée en tout état de choses, contre les fluctuations du marché auquel ces bois étaient destinés.

La confirmation de ce que j'avance, c'est que le calcul de 650,000 pieds d'acajou, au plus bas taux marchand de l'époque, donnerait une somme bien plus considérable que celle portée en compte ; ainsi le bois vendu même récemment sur place à la Tortue l'a été au prix d'une moyenne de

35 c. le pied ; ce qui ferait pour 650,000 un premier capital de £ 45,500, au lieu de £ 35,000 réclamés.

Vous pensez, Monsieur le Secrétaire d'État, que rien ne prouve que l'argent versé par Joseph Maunder ait été employé par les entrepreneurs dans cette île. Vous me permettrez à mon tour de demander à votre Gouvernement d'où il tire cette présomption, contre laquelle s'élèvent non seulement l'acte même qui sert de preuve à la créance, mais encore et surtout la conduite antérieure du Gouvernement Haïtien. Sous l'administration du président Nissage Saget il n'a pas hésité à accepter cette créance telle qu'elle a été déterminée, et il a transigé avec Mme Maunder sur cette base en compensation des capitaux dépensés et des dommages causés par une première éviction. La nouvelle concession est donc une reconnaissance implicite de l'emploi des fonds de Jos. Maunder à la Tortue. Le Gouvernement ne saurait revenir sur un point déjà formellement admis par lui-même.

Je maintiens donc ce premier chef de réclamation tel qu'il est formulé dans ma dépêche précédente.

Les objections contre le second chef de demande ne peuvent s'expliquer que par la façon dont ce second chef a été présenté. En effet, Mme Maunder n'a pas la prétention d'obliger le Gouvernement Haïtien à acquitter toutes les dettes de feu son mari envers des tiers ; le Gouvernement Anglais a trop de respect de sa dignité et du droit pour soutenir des prétentions contraires à la justice. La garantie donnée par Jos. Maunder à la banque sur les bois à lui concédés ne signifie qu'une chose : c'est que la somme de £ 17,600 représente la différence existant entre le prix des bois, calculé sur le rivage de la Tortue, et leur prix une fois qu'ils auraient été rendus sur les marchés européens. C'était donc une partie des bénéfices de l'affaire affectée au remboursement de la banque. Vous avez pu voir plus haut quelle est déjà la différence des bois calculés même à 35 cent. le pied pris à la Tortue. Il ne saurait vous échapper que cette différence eût été beaucoup plus considérable sur les marchés européens. La perte de ce bénéfice, en vue duquel avait été faite l'opération, et celle du crédit de la maison Maunder, qui en a été la conséquence, constituent un préjudice indéniable.

Mme Maunder n'ayant consenti à accepter sa concession que comme dédommagement de tous les préjudices à elle causés et la perte de l'objet donné en compensation la remettant en même et semblable état qu'avant la transaction, il est tout naturel qu'elle reprenne ses droits antérieurs et qu'elle fasse valoir toutes les conséquences qui en découlent. C'est à ce point de vue que se place le Gouvernement de Sa Majesté Britannique pour soutenir les droits de Mme Maunder.

Ce point de vue est non seulement conforme aux règles de la justice, mais, ainsi que j'ai eu l'honneur de vous le faire remarquer plus haut, — à l'esprit et à la nature de la transaction passée entre le Gouvernement

Haïtien et M᷍ Maunder. La remise en discussion de points déjà acceptés, ayant acquis comme on dit dans le langage du droit l'autorité de la chose jugée, ne serait qu'un désaveu sans portée. Ce serait pour le Gouvernement de Sa Majesté Britannique une pénible surprise d'avoir à constater l'atteinte qu'un pareil procédé porterait, non à l'étendue et à la force de la transaction, mais au caractère d'honorabilité qu'il se plaît à reconnaître au nouveau Gouvernement d'Haïti.

L'objection produite contre le 3ᵉ chef de réclamation tombe d'elle-même. Vous demandez des documents pour prouver que Mᵐᵉ Maunder a réellement dépensé un nouveau capital de £ 10,000. Mᵐᵉ Maunder ayant la concession légale de l'île pour dix ans d'abord, et neuf ans ensuite, faisant l'exploitation pour son compte personnel et avec ses capitaux, ne pouvant prévoir qu'elle aurait été un jour, et avant l'expiration de sa concession, expulsée de la Tortue, n'a pas tenu d'écritures commerciales ; elle n'a d'autres livres que ceux qui lui servaient à se rendre compte de la marche de l'affaire, et cela, par l'application de cet axiome de droit que « nul ne peut se faire de titres à soi-même ». D'ailleurs le meilleur titre à cet égard c'est l'île même de la Tortue. Si les travaux de tous genres exécutés par Mᵐᵉ Maunder à la Tortue, tels que maisons, routes, villages, ponts, parcs, pâturages, mares, fontaines, bassins, etc., ont été détruits depuis deux ans et demi qu'elle a été expulsée de l'île, si les animaux ont disparu, c'est la conséquence des troubles dont Mᵐᵉ Maunder a été victime, et la faute de ceux qui les ont provoqués,

Au sujet du quatrième chef de réclamation, le Gouvernement Haïtien pense que s'il est tenu à une somme quelconque, représentant la jouissance de la concession, il n'a à payer que le chiffre pour lequel la ferme a été consentie, et que Mᵐᵉ Maunder en demandant les bénéfices de l'entreprise, exige tout simplement que le Gouvernement la paye deux fois. Pour le prouver, vous me citez la lettre de votre prédécesseur, M. T. Rameau, du 22 mars 1870, où se trouvent énoncées les bases du contrat de concession. Or, ce contrat même est la preuve que la nouvelle concession n'a été qu'une compensation des torts éprouvés à une époque antérieure. La rupture violente du contrat implique cette conséquence, que le Gouvernement est obligé d'abord à restituer au concessionnaire ce que celui-ci lui avait donné comme équivalent, c'est-à-dire le chiffre primitif de ses réclamations de 1870 et les dommages-intérêts implicitement reconnus par la nouvelle concession. Le même principe s'applique aux réclamations nouvelles que Mme Maunder formule pour le nouveau capital dépensé sur la foi de son contrat et pour les torts éprouvés dernièrement.

Vous n'ignorez pas, Monsieur le Secrétaire d'État, qu'en droit civil la partie qui viole un contrat est toujours passible de dommages-intérêts. La règle pour arbitrer ces dommages est toujours tirée de la perte encourue par cette partie, et du gain dont elle a été privée ; c'est conformément à ces principes que Mme Maunder a dressé l'état des dommages-intérêts qui lui sont dus. Ce n'est donc point un bénéfice éventuel qu'elle réclame, mais une base de compensations qu'elle soumet, pour des dommages réellement éprouvés, et qui, aux termes même de la loi, doivent êtres calculés sur les bénéfices de l'affaire.

Veuillez en outre remarquer que Mme Maunder, dans l'état de ses pertes, ne fait pas entrer tout ce que la conduite du Gouvernement Haïtien lui a causé des préjudices matériels et moraux. Je ne m'étendrai pas sur ce point vis-à-vis de vous. Un esprit aussi éclairé que le vôtre comprendra, sans qu'il soit besoin d'insister, l'étendue et la nature de ces souffrances morales qui échappent à toute appréciation positive.

Résumons donc cette trop longue discussion.

Les réclamations acceptées et reconnues par le Gouvernement de Sa Majesté Britannique se formulent en quatre points sur lesquels je ne saurais transiger :

1° Remboursement du capital primitif calculé sur la valeur des bois rendus sur les marchés européens ;

2° Remboursement du capital à nouveau employé à la Tortue;

3° Intérêts à 6 0/0 l'an capitalisés par six mois sur les deux capitaux.

4° Dommages-intérêts basés sur le chiffre des bénéfices annuels déjà obtenus par l'exploitation.

Qu'il me soit permis en terminant, Monsieur le Secrétaire d'État, de vous faire remarquer le soin scrupuleux que j'ai mis à examiner et à discuter point par point les objections du Gouvernement Haïtien.

Je connais les idées de mon Gouvernement sur cette affaire, les fâcheux effets que ne manqueraient de produire des retards trop prolongés; aussi me suis-je attaché, ainsi que je vous l'ai dit en commençant, par une étude consciencieuse, à élucider la question de façon à ne plus laisser place à des atermoiements dont je serais le premier à déplorer les conséquences, et parmi lesquels je place en première ligne l'enquête que vous croyez devoir proposer pour constatation des bois se trouvant actuellement à la Tortue. Aujourd'hui, il n'y a rien de commun entre ces bois et la question dont il s'agit. Ainsi l'enquête que vous proposez n'est pas acceptable, et je ne saurais nullement l'admettre.

En prenant la défense d'intérêts anglais dont la légitimité a été reconnue par mon Gouvernement et ne saurait faire l'objet d'aucun doute aux yeux de personnes impartiales, j'ai voulu remplir les instructions à cet effet qui m'ont été transmises. Mais je tiens tout autant à donner au Président d'Haïti et à son Gouvernement une nouvelle preuve de la sympathie sincère qui m'anime à leur égard, en travaillant à rétablir, par une prompte et équitable solution de la difficulté pendante, le crédit du pays à l'étranger.

J'aurais, croyez-le, Monsieur le Secrétaire d'État, un amer regret à ne pas atteindre cette fois-ci un but si désirable. Je ne dois pas vous dissimuler que cette dépêche est la dernière que je vous écris sur cette question, et qu'à défaut d'un arrangement prochain, je me verrai forcé de remettre l'affaire aux mains de mon Gouvernement.

Cependant, j'ai trop de confiance dans l'esprit d'équité de votre Gouvernement et dans le caractère des personnages qui le dirigent pour ne pas être persuadé qu'une décision conforme aux principes de la justice ne tardera pas à confirmer les bonnes relations qui ont toujours existé entre les deux pays.

Veuillez, Monsieur le Secrétaire d'État, agréer l'assurance de ma plus haute considération.

R. Stuart.

N° 13

RELATIONS EXTÉRIEURES

Port-au-Prince, le 9 avril 1877.

M. LE MAJOR R. STUART,
    Ministre résident de Sa Majesté Britannique.

Monsieur le Ministre,

J'ai reçu la lettre que vous m'avez fait l'honneur de m'adresser le 12 mars dernier, en réponse à la mienne du 9 février, relative aux réclamations de Mᵐᵉ veuve Joseph Maunder.

Le Gouvernement a donné toute son attention aux arguments par lesquels vous discutez ses objections tendant, au sujet des quatre chefs de demande, tels que vous les lui avez précédemment formulés, à en écarter le deuxième et le quatrième, à demander que le troisième, avant d'être pris en considération, soit appuyé de pièces probantes, et à vous proposer, en ce qui a trait au premier, la voie d'une enquête, afin d'arriver à fixer une indemnité équitable à Mᵐᵉ Maunder pour la dédommager de la perte de la valeur réelle des bois d'acajou qu'elle avait à la Tortue, au moment où M. Maunder les recevait en garantie des sommes que lui devait la maison Prosper Élie du Port-au-Prince.

Vous maintenez, Monsieur le Ministre, vos appréciations à l'égard des quatre chefs de réclamation ; vous me faites connaître que Mᵐᵉ Maunder n'est pas, en quelque sorte, en mesure, ou mieux, obligée d'appuyer des pièces justificatives nécessaires le troisième chef de sa demande, et vous concluez au refus de l'enquête proposée.

Le Gouvernement éprouve assez de peine à comprendre que, s'agissant d'une opération comme l'exploitation de la Tortue, pouvant nécessiter des fonds en dehors de ceux propres de Mme Maunder, elle n'ait pas jugé nécessaire de tenir des livres, indispensables pour la fixer elle-même, sinon d'autres, sur les résultats des travaux. Il n'éprouve pas moins de difficultés à s'expliquer que vous ne puissiez admettre l'enquête qui n'a pour objet que d'arriver à évaluer l'étendue du dommage causé, évaluation qui, naturellement, ne peut se faire que par suite de la constatation de la quantité de bois qui existait à la Tortue à l'époque dont il est parlé plus haut.

À ce point de vue, le Gouvernement regrette de ne pouvoir abandonner sa manière d'envisager ces réclamations dans leur ensemble, et je ne puis que vous confirmer la teneur de ma lettre du 9 février.

Toutefois, le Gouvernement, désireux d'arriver avec vous à une entente sur cette question, afin de la faire avancer et d'y donner une solution, estime que, dans l'actualité, il ne nous reste qu'à la soumettre à un arbitrage.

Confiant dans la justice du Gouvernement de S. M. Britannique, dans sa sympathie pour la jeune République d'Haïti, comme aussi dans votre bienveillance personnelle pour mon Gouvernement, j'aime à penser que vous accepterez la voie arbitrale que j'ai l'honneur de vous proposer, comme étant celle indiquée par le droit international et suivie par les Puissances de notre époque dans des cas analogues à celui qui nous occupe.

La convention qui résultera de l'acceptation de ce moyen sera, dès l'ouverture de la session, soumise au Corps législatif, afin d'obtenir sa sanction, conformément aux prescriptions de la Constitution actuelle de la République d'Haïti.

Veuillez agréer, Monsieur le Ministre, les nouvelles assurances de ma très haute considération.

Le Secrétaire d'État des Relations Extérieures,

L. ETHÉART.

N° **16**

LÉGATION BRITANNIQUE

Port-au-Prince, le 19 avril 1877.

M. LE SECRÉTAIRE D'ÉTAT DES RELATIONS EXTÉRIEURES.

Monsieur le Secrétaire d'État,

N'ayant pu vous voir à cause de votre regrettable indisposition, je m'empresse de vous informer par ce billet que Mme Maunder serait disposée d'accepter, au lieu du montant de ses réclamations, déjà soumises à votre attention, la somme ronde de cent mille livres sterling, — £ 100,000, — dont le paiement se pourra régler d'une manière convenable à l'état du Trésor, mais à condition d'un acompte immédiat pour mettre Mme Maunder à même de faire face aux difficultés où elle se trouve actuellement.

En vous priant de soumettre cette proposition à la bienveillante considération du Conseil, je vous prie d'agréer l'assurance de ma considération distinguée.

R. Stuart.

N° **17**

RELATIONS EXTÉRIEURES.

Port-au-Prince, 23 avril 1877.

AU MAJOR R. STUART,
  Ministre de Sa Majesté Britannique.

Monsieur le Ministre,

J'ai eu l'honneur de recevoir votre billet, sous la date du 19 courant, relatif aux dispositions où se trouve Mme Maunder à l'égard de ses réclamations, et j'en ai fait part au Conseil des Secrétaires d'État.

Le Gouvernement regrette de ne pouvoir accepter l'arrangement proposé par Mme Maunder, et reste toujours disposé à en venir avec vous à une solution de la question par la voie de l'arbitrage.

Veuillez agréer, etc.

L. Ethéart.

N° **18**

LÉGATION BRITANNIQUE

Port-au-Prince, le 6 septembre 1877.

M. F. CARRIÉ,
  Secrétaire d'État des Relations extérieures.

Monsieur le Secrétaire d'État,

Par la malle arrivée hier, j'ai reçu du Secrétaire d'État des Affaires Étrangères de S. M. Britannique une dépêche relative aux réclamations de Mme Maunder contre le Gouvernement Haïtien.

Dans cette dépêche il est dit que le Gouvernement de Sa Majesté est d'avis que Mᵐᵉ Maunder est fondée à réclamer son assistance, et j'ai ordre d'accepter l'offre du Gouvernement Haïtien de soumettre cette question à un arbitrage, pourvu que Mᵐᵉ Maunder y consente ; et comme condition d'acceptation de l'arbitrage, j'ai ordre d'insister sur le paiement immédiat de vingt-deux mille livres sterling,—£ 22,000,—avancées à la Compagnie de la Tortue sur la garantie des bois illégalement saisis par le général Salnave en 1868, avec les intérêts jusqu'au jour du paiement.

J'ai l'honneur, etc.

R. STUART.

N° 19

Port-au-Prince, le 12 septembre 1877.

Le Secrétaire d'État au Département des Relations Extérieures,

A M. R. STUART,

Ministre-Résident de Sa Majesté Britannique.

Monsieur le Ministre,

J'ai l'honneur de vous accuser réception de votre dépêche du 6 courant, relative à l'affaire de Mᵐᵉ Maunder.

Celle que le Département des Relations Extérieures vous avait adressée, aux fins de proposer au Gouvernement de S. M. Britannique un arbitrage au sujet des réclamations de Mᵐᵉ veuve Maunder, est du 9 avril de cette année. Nous étions à la veille de l'ouverture de la session législative.

Permettez-moi de vous transcrire ici les lignes qui terminent cette dépêche :

« La convention qui résultera de l'acceptation de ce moyen (arbitrage international) sera, dès l'ouverture de cette session, soumise au Corps législatif, afin d'obtenir sa sanction, conformément aux prescriptions de la Constitution actuelle d'Haïti. »

C'est aussi dans le même sens qu'a parlé le Président de la République, en faisant dans son Exposé aux Chambres l'historique des réclamations de Mᵐ Maunder.

« A l'arbitrage que j'ai proposé », disait le Chef de l'État, « j'attendrai la réponse qui sera faite, et si ma proposition est acceptée, j'aurai l'honneur de soumettre à la sanction de l'Assemblée la convention qui en sortira. »

Mon Gouvernement prouvait ainsi son désir de régler définitivement l'affaire de Mᵐᵉ Maunder, et il espérait que le Gouvernement de S. M. Britannique le mettrait en mesure de le faire, en vous donnant, en temps opportun, les instructions nécessaires à cet égard. Il est à regretter qu'elles vous soient parvenues un peu tard.

C'est, en effet, après la fermeture de la session, Monsieur le Ministre, que m'arrive votre dépêche, admettant l'arbitrage en partie, puisque le Gouvernement de S. M. Britannique y met pour condition le paiement immédiat d'une somme de 22,000 liv. sterling, avec intérêts, un des points en discussion.

La solution de la question se trouve ainsi attardée.

Nous sommes en divergence d'opinions sur quatre chefs de demande formulés par Mme Maunder, et mon Gouvernement propose un arbitrage pour résoudre toutes les difficultés qui en résultent.

Il ne me paraît pas qu'il soit possible d'admettre que l'une des parties décide elle seule un des points de la réclamation et accepte l'arbitrage seulement sur les trois autres.

Mon Gouvernement, Monsieur le Ministre, a trop de confiance dans les sentiments d'équité du Gouvernement de S. M. Britannique, pour croire un seul instant qu'il ne partagera pas sa manière de voir dans la circonstance.

D'un autre côté, l'arbitrage venant à être accepté de part et d'autre et sur tous les points, il faudra arriver nécessairement à la signature d'une convention qui, pour être valable, devra avoir la sanction constitutionnelle de nos Chambres.

De telles questions ne se résolvent pas sans quelques difficultés, et il est indispensable que, d'un commun accord, nos Gouvernements respectifs prennent de justes dispositions pour les aplanir.

Si c'est là, comme je ne saurais en douter, le désir du Gouvernement de Sa Majesté Britannique, il est vivement partagé, je vous prie de le croire, par celui de la République d'Haïti.

Veuillez agréer, Monsieur le Ministre, les nouvelles assurances de ma très haute considération.

Le Secrétaire d'État des Relations Extérieures,

F. CARRIÉ.

N° 20

TRADUCTION.

LÉGATION BRITANNIQUE

Port-au-Prince, 15 septembre 1877.

M. FELIX CARRIÉ,
    Secrétaire d'État des Relations Extérieures,

Monsieur le Secrétaire d'État,

J'ai l'honneur de vous accuser réception de votre lettre du 13 du courant, en réponse à la mienne du 6 de ce mois, relative aux réclamations de Mme Maunder contre le Gouvernement Haïtien.

Dans votre lettre vous avez bien voulu transcrire un extrait d'une lettre à moi adressée par votre prédécesseur, datée du 9 avril dernier, et un autre extrait d'un message du Président à l'Assemblée Nationale, à l'ouverture de la session de cette année.

J'avais déjà eu l'avantage de lire les deux lettres auxquelles vous faites allusion ainsi que le Message, et je suis forcé de vous dire qu'il m'est impossible de voir dans l'un ou l'autre de ces documents le désir de votre Gouvernement que, selon vous, ils expriment, de régler définitivement l'affaire de Mme Maunder.

Permettez-moi maintenant de transcrire en retour un passage d'une analyse signée de l'affaire en question, datée du 9 février dernier, et dressée par votre prédécesseur, à l'aide du conseiller légal du Gouvernement. « En résumé, après l'étude consciencieuse et approfondie des réclamations de Mme Maunder, ainsi que des documents qu'elle a produits, mon Gouvernement pense qu'il n'y a pas lieu d'admettre les deuxième et quatrième chefs de demande; que le troisième, avant d'être pris en considération, demande d'être appuyé de pièces probantes; et, en ce qui concerne le premier, qu'il est juste que Mme Maunder soit indemnisée de la valeur réelle des bois d'acajou qu'elle avait à la Tortue au moment où M. Maunder les recevait en garantie des sommes que lui devait la maison Prosper Élie de cette ville. — Une enquête, qui est de toute nécessité dans l'espèce, établira cette indemnité. »

Ici, votre Gouvernement admet la justesse du premier chef de demande. Mme Maunder, agissant sur l'avis de quelques-uns des premiers avocats du Port-au-Prince, demanda £ 35,000, la valeur des bois qu'elle avait eus en garantie. Le Gouvernement de S. M. Britannique, après avoir pris l'avis des « Law Officers » de la Couronne, me donne l'ordre de demander seulement

£ 22,000, la somme avancée sur cette garantie, avec les intérêts de cette même somme.

Vous voudrez bien remarquer que votre Gouvernement a expressément reconnu le principe de la réclamation de £ 35,000 de Mme Maunder et a proposé d'établir l'indemnité par une enquête.

Je ne pensai pas qu'il fût sage d'accéder à cette proposition, vu le retard et les frais qu'elle occasionnerait inévitablement, et parce que je ne vis pas où cette proposition pourrait tendre, voyant qu'après la spoliation faite par le président Salnave, et après trois années d'abandon, ni la valeur ni la quantité de bois qu'on pourrait trouver en 1877, ne concorderaient avec les chiffres vérifiés acceptés par Mme Maunder en 1867.

Sur ce chef de demande, cependant, je ne vois pas qu'il y ait place pour une sérieuse divergence d'opinions, à moins que votre Gouvernement ne désire payer les £ 35,000 au lieu de £ 22.000.

Quoi qu'il en soit, j'ai ordre de demander le paiement immédiat de cette dernière somme avec les intérêts, comme condition de l'arbitrage, pour les autres réclamations. Ces instructions furent données, je puis ajouter, après qu'on avait consulté les « Law Officers » de la Couronne.

Le Gouvernement de Sa Majesté Britannique ne prend pas légèrement une position, quand il s'agit de cas comme celui qui nous occupe, ni ne se retire facilement d'une position prise une fois, ou ne change de terrain.

Quant à l'arbitrage, je suis sûr que vous conviendrez avec moi qu'il sera temps de parler des préliminaires, quand la condition de laquelle dépend l'acceptation de la mesure sera acceptée.

J'ose affirmer, Monsieur le Secrétaire d'État, que la confiance de votre Gouvernement dans les sentiments d'équité du Gouvernement de Sa Majesté Britannique est bien placée ; car mon Gouvernement observe ses engagements et ne refuse pas de faire honneur à ses obligations. En même temps, il semblerait que vous ayez tiré la conclusion qu'il prétend avoir le droit de régler seul, dans cette question, un point ou des points qui appartiennent en propre à un arrangement combiné des deux parties. Si tel est le sens de vos paroles, permettez-moi d'être d'une opinion contraire à la vôtre. Mais alors même que le Gouvernement de Sa Majesté prétendrait à un tel droit, il pourrait citer comme un précédent pour agir ainsi, le procédé récent du Gouvernement Haïtien dans l'affaire du traité Dominicano-Haïtien de 1874 et dans la question de l'Emprunt Français de 1875.

Les allusions réitérées de votre lettre aux Chambres législatives à propos de cette affaire m'obligent à vous référer à une lettre adressée par moi à votre prédécesseur, à la date du 14 septembre 1876. Dans cette lettre, par laquelle je proteste contre la résolution du Conseil des Secrétaires d'État de soumettre la réclamation de Mme Maunder au Corps législatif, vous trouverez le passage suivant : « Les attributions du Corps législatif sont : » de faire des lois, de contrôler, de blâmer ou d'approuver, selon les cas,

» les actes d'administration exécutés par l'Exécutif, dans le cercle de ses
» devoirs et de ses obligations. Maintenant, dans cette affaire, il n'y a
» rien sur quoi on puisse faire une loi, ni une question d'actes administra-
» tifs accomplis dans le cercle de ces devoirs ou de ces obligations. Ce qu'on
» demande et à quoi on vise, est : obtenir l'accomplissement d'un acte
» administratif en exécution de la justice et en conséquence des jugements
» rendus par les tribunaux compétents du pays. »

A ces observations, j'ai à peine besoin d'ajouter que les décisions du
Corps législatif ont force seulement dans l'État auquel le Corps appartient
et sont plus ou moins sous la dépendance du même. Les Gouvernements
communiquent entre eux et négocient des affaires communes, au moyen
de leurs Pouvoirs Exécutifs respectifs, et les intérêts qu'un Gouvernement
a en main ne sont pas, dans les relations ordinaires des nations, faits pour
être à la convenance d'un autre Gouvernement dans les questions de session ou de prorogation parlementaire.

J'écris cette lettre, Monsieur le Secrétaire d'État, comme l'expression de
mon opinion, contraire à la teneur de votre lettre du 13 courant, et comme
une protestation contre les procédés que votre Gouvernement continue encore
à employer à l'égard des réclamations de Mᵐᵉ Maunder.

J'ai l'honneur d'être, etc.

R. STUART.

——— ———

Nᵒ 21

...

RELATIONS EXTÉRIEURES

Port-au-Prince, le 1ᵉʳ octobre 1877.

M. STUART,

MINISTRE DE SA MAJESTÉ BRITANNIQUE.

Monsieur le Ministre,

A propos du doute que, dans votre dépêche du 15 courant à laquelle
j'ai l'honneur de répondre, vous semblez élever sur le désir de mon Gouvernement d'arriver au règlement de l'affaire de Mᵐᵉ Maunder, il me sera
permis d'affirmer que ce désir s'est souvent manifesté et même traduit par
diverses propositions soumises à l'acceptation de la Légation Britannique.

J'en appelle d'abord, pour la véracité de ce fait, à la proposition verbale
que vous fit mon prédécesseur, d'une commission mixte à laquelle serait
déféré l'examen de la question. Aucune réponse n'y a jamais été faite,

comme j'ai pu le constater par la dépêche du 6 octobre 1876 que vous a adressée le département des Relations Extérieures.

Puis est venue la proposition d'enquête du 9 février, indispensable pour établir le chiffre d'une indemnité, dont le principe n'était pas contesté. que Mme Maunder fixait à £ 35,000, chiffre appuyé par votre dépêche du 12 mars, mais que les « Law Officers » de la Couronne viennent de réduire à £ 22,000.

Il suffit de reproduire cette divergence d'opinions pour reconnaître la nécessité de l'enquête. Elle a été refusée ; refusée, dites-vous, pour le retard et les frais qu'elle occasionnerait. Mon avis cependant est que son acceptation aurait enrayé bien des lenteurs.

Est-ce bien alors le Gouvernement d'Haïti qui ne désire pas statuer sur la réclamation de Mme Maunder ? Ne sont-ce pas plutôt les prétentions exagérées de la plaignante qui s'opposent à ce qu'elle soit menée à bonne fin ?

Mais, d'après quelles pièces les « Law Officers » de la Couronne ont-ils établi, sur le premier chef de la demande de Mme Maunder, cette indemnité de £ 22,000 ?

Assurément, d'après les pièces du dossier que le département des Relations Extérieures a analysées dans sa dépêche du 9 février.

Je prends la liberté de vous rappeler les observations qui vous ont été faites. Il en résulte que les principales pièces produites n'étaient pas les originales et qu'à l'égard surtout du certificat sous-seing privé dont la copie était remise, cette pièce n'avait pas le caractère d'authenticité qui constitue (suivant le sens de la loi et contrairement à ce que prétend Mme Maunder) une véritable hypothèque. La même dépêche insiste aussi sur la nécessité de se mettre d'accord, quant à la valeur et à la quantité des bois d'acajou préparés à l'époque dans l'île de la Tortue.

Etait-il possible au Gouvernement de mieux prouver sa bonne volonté sur ce point, malgré l'absence d'une hypothèque réelle ?

Ainsi, sur le premier chef de la demande de Mme Maunder, la divergence est encore grande, malgré le principe d'indemnité admis par mon Gouvernement.

Vous pensez, M. le Ministre, qu'elle ne peut être sérieuse, à moins que mon Gouvernement ne désire payer £ 35,000 au lieu de £ 22,000.

Je ne crois pas qu'il soit nécessaire de m'appesantir sur ce point de votre dépêche. La question que nous discutons est par elle-même trop élevée, affecte trop sensiblement les intérêts du Gouvernement et de la Nation que je représente, pour que je déserte sans motif le terrain sur lequel elle doit être traitée.

Ce terrain nous conduira sûrement à l'arbitrage que votre Gouvernement n'a accepté, sur l'avis des « Law Officers » de la Couronne, qu'après paiement immédiat de £ 22.000.

Ainsi, les « Law Officers » de la Couronne reconnaissent que les autres points de la demande de Mme Maunder peuvent être arbitrés, et ils se prononcent sans appel sur le premier, en réduisant toutefois le chiffre d'indemnité demandé par la partie supposée lésée.

Si mon Gouvernement a lui-même proposé l'arbitrage, c'est qu'il a pensé que, dans des cas semblables à celui qui nous occupe, c'est la voie prescrite par le droit international ; c'est qu'il existe, à cet égard, entre des nations modernes, des précédents inspirés par le sentiment de la justice et de l'équité ; c'est, qu'en effet, des tiers désintéressés peuvent seuls envisager de telles questions sous leurs différentes phases et y donner une solution impartiale.

Comment donc, après cela, ne pas discuter celle proposée par les « Law Officers » de la Couronne et que vous signifiez à mon Gouvernement ?

Cette opinion, je vous l'exprimais dans ma précédente, quand je vous écrivais : « Se peut-il que l'une des parties se prononce sur un des points de la dissidence et accepte l'arbitrage seulement sur les trois autres ? »

Mon Gouvernement a trop de confiance dans les sentiments d'équité du Gouvernement de S. M. Britannique, pour croire un seul instant qu'il ne partagera pas sa manière de voir dans la circonstance.

La même confiance dans sa haute justice s'est manifestée dans le message du Président de la République à l'Assemblée Nationale : « Deux nations, disait le Chef de l'Etat, dont l'une grande et puissante, l'autre faible et petite, s'honoreront en suivant cette ligne de conduite. La première n'abusera pas de sa force pour imposer des lois ; la seconde, ne tirera pas parti de sa faiblesse pour dicter des conditions. »

Je sais, M. le Ministre, que le gouvernement que vous représentez « ne prend pas légèrement une position dans une affaire, qu'il ne s'y engage qu'après mûr examen, qu'il ne se retire pas facilement d'une position » ; mais je reste persuadé aussi que les voix sacrées du droit et de la justice ne se font jamais entendre en vain devant le Gouvernement du Royaume-Uni de la Grande-Bretagne et d'Irlande, tel qu'il est constitué.

Vous dites qu'alors même que le Gouvernement de S. M. Britannique prétendrait avoir le droit de régler seul un des points de la dissidence, il pourrait citer, pour agir ainsi, le procédé récent du Gouvernement Haïtien dans l'affaire du traité Dominicano-Haïtien de 1874 et dans la question de l'emprunt français de 1875.

L'argument, M. le Ministre, ne me semble pas sans réplique et l'on n'est jamais fondé à s'appuyer, pour agir, sur un principe que l'on condamne.

D'ailleurs, il a été facile de démontrer, notamment aux commissaires dominicains arrivés ces derniers jours en Haïti, que leur gouvernement n'avait jamais rempli lui-même les conditions du traité dont il demandait l'exécution, et que, sur ce point, Haïti n'était pas plus engagé que la Dominicanie.

Le traité liait les deux contractants, et non pas l'un d'entre eux.

A l'égard de l'emprunt, il en est de même, et l'Assemblée Nationale, se basant sur l'inexécution des contrats survenus à cette occasion, n'a pu reconnaître comme dette nationale que les sommes véritablement acquises au service de la République.

Vous excuserez, sans nul doute, cette digression, M. le Ministre, et vous me permettrez d'arriver à la partie de votre dépêche concernant « mes allusions réitérées au Corps Législatif. »

Ce n'est pas assurément sous forme de reproches que vous en parlez; car, il faut le reconnaître et l'avouer, le pays que vous représentez si dignement en Haïti, est celui peut-être du monde entier où les prérogatives des Chambres sont le plus respectées ; et, depuis deux siècles environ, la cause du parlementarisme s'est tout à fait implantée sur le sol britannique. L'on peut même ajouter que c'est cette forme de gouvernement, appelant la nation par ses mandataires à délibérer et à donner son dernier mot dans toutes les questions, qui a porté si haut la gloire et la fortune du peuple anglais.

Il n'est jamais entré, je crois, dans la pensée de mon prédécesseur, pas plus qu'il n'entre dans la mienne, de demander aux Chambres une solution à l'affaire de Mme Maunder ; mais il lui était permis de les initier à des questions litigieuses que nous avions à régler, de leur demander leur opinion là-dessus, leur manière d'envisager ces questions.

C'est là incontestablement un corollaire de leurs attributions qui sont, dites-vous, « de faire des lois, de contrôler, de blâmer ou d'approuver, selon les cas, les actes d'administration accomplis par l'Exécutif dans le cercle de ses devoirs et des ses obligations. »

Ces attributions, vous en conviendrez avec moi, sont bien larges et elles comportent encore une certaine extension dans leur application. Ainsi, comme en Angleterre, le droit pour les Chambres de voter ou de refuser des crédits, d'empêcher que la plus mince valeur ne sorte des caisses publiques sans leur assentiment, est, ce me semble, le complément obligé des attributions que vous avez énumérées.

C'est pour cette raison que mon Gouvernement disait que, l'arbitrage étant admis, il devait en sortir nécessairement une convention qui serait, avant toutes choses, soumise à la sanction des Chambres, conformément aux prescriptions de la constitution actuelle de la République d'Haïti.

Ce n'est pas là augmenter des prérogatives, c'est les reconnaître, les affirmer.

Mon Gouvernement avait même lieu de penser que vous adhériez complètement à cette partie de la lettre de mon prédécesseur, puisque, en y répondant dans le temps, vous n'y avez fait aucune objection.

Assurément, M. le Ministre, si les gouvernements constitutionnels peuvent négocier entre eux, au moyen de leurs Pouvoirs Exécutifs respectifs, c'est toujours sous la réserve de la sanction des Chambres. Dans le cas qui nous occupe, la négociation, c'est la proposition de l'arbitrage. La convention qui en résultera aura besoin de la validation législative, puisque les debours qui en seraient la conséquence, devront être admis d'abord en principe par les Chambres, jusqu'à ce qu'elles votent définitivement des fonds pour les payer.

Voilà, ce me semble, la question dans toute sa simplicité.

Elle se résume ainsi dans l'opinion de mon Gouvernement : arbitrage sur tous les points de la dissidence, convention pour cet arbitrage et devant être, avant exécution, sanctionnée par qui de droit.

J'aime à penser, M. le Ministre, que le Gouvernement de S. M. Britannique, après examen et analyse des principes exposés dans cette dépêche, voudra bien adhérer aux propositions de mon Gouvernement, de nature certainement à résoudre la question qui nous occupe, selon les lois de la justice et de l'équité.

C'est dans ces sentiments, M. le Ministre, que je vous prie d'agréer les nouvelles assurances de la très haute considération avec laquelle je suis votre très humble et très obéissant serviteur.

F. CARRIÉ.

N° **22**

TRADUCTION.

LÉGATION BRITANNIQUE

Port-au-Prince, 19 mars 1878.

M. FELIX CARRIÉ,

SECRÉTAIRE D'ÉTAT DES RELATIONS EXTÉRIEURES, PORT-AU-PRINCE,

Monsieur le Secrétaire d'État,

Sous ce couvert, j'ai l'honneur de vous transmettre copie d'une dépêche au n° 5, du 28 du mois dernier du Secrétaire d'État des Affaires Étrangères de S. M. Britannique, relative à l'affaire Maunder qui a été depuis si longtemps un sujet de discussion entre le Gouvernement de S. M. Britannique et le Gouvernement Haïtien.

J'ai l'honneur d'être, Monsieur le Secrétaire d'État, votre très humble et très obéissant serviteur.

R. STUART.

N° 23

TRADUCTION

Foreign-Office, 28 février 1878.

MAJOR STUART
Etc., etc., etc.

Monsieur,

J'ai reçu de MM. Tilleard, Godden et C°, copies de lettres de Mme Maunder et également une directement de cette dame elle-même représentant les souffrances et la ruine que le retard apporté par le Gouvernement Haïtien dans le règlement de sa réclamation lui fait.

Le Gouvernement de S. M. avait espéré, par l'offre d'arbitrage fait par le Gouvernement Haïtien, que celui-ci était disposé à prendre l'affaire en main d'une manière sérieuse, pour arriver à quelque règlement satisfaisant de la question. Nous regrettons cependant de voir dans votre dépêche au n° 37, du 21 novembre dernier, qu'il n'en est pas ainsi.

J'ai informé Mme Maunder, par l'entremise de MM. Tilleard, Godden et C°, que sa réclamation ne sera point perdue de vue par le Gouvernement de S. M., et avant de prendre une décision relative à la marche qui devrait être adoptée devant le refus du Gouvernement Haïtien d'accepter les termes de l'arrangement proposé dernièrement par le Gouvernement de S. M., je dois vous inviter à faire remarquer au Gouvernement Haïtien que son Secrétaire d'État des Relations Extérieures, dans sa lettre à vous adressée le 9 février 1877, copie de laquelle fut transmise par votre dépêche au n° 14, du 7 mai 1877, admettait comme un fait incontestable que feu M. Maunder avança à M. Prosper Elie la somme de £ 22,757 (vingt-deux mille sept cent cinquante-sept livres), sur la garantie des bois à lui assignés et qui ont été illégalement saisis par le général Salnave en 1868.

Mme Maunder accepta le bail à ferme de l'île de la Tortue, comme une indemnité pour les pertes éprouvées en raison des procédés illégaux du général Salnave ; mais peu après son occupation de l'île, elle fut violemment et illégalement dépossédée aussi bien de l'île que de toutes ses propriétés par le général Domingue. Que de si extraordinaires spoliations aient été commises, c'est un sujet d'étonnement et de regret, mais qu'un gouvernement responsable, par des retards et des objections systématiques refuse, jusqu'à présent toute compensation et toute indemnité pour des violations sans exemple des droits de la propriété et des obligations d'un pouvoir ami envers un sujet britannique et envers des intérêts britanniques sous sa protection, c'est un fait que blâme sévèrement l'indulgence du Gouvernement de S. M. et qui appelle la plus solennelle protestation.

Le Gouvernement de S. M. a simplement demandé le remboursement de la partie de la réclamation déjà admise par le Gouvernement Haïtien, et a consenti à référer le reste à un arbitrage.

Cette proposition raisonnable a été rejetée par le Gouvernement Haïtien, et je dois vous inviter à appeler de nouveau son attention sur ces termes de l'arrangement, dans l'espoir qu'il puisse adopter telle mesure propre à écarter la complication qui doit sortir de la persistance de sa part à garder l'attitude qu'il a conservée vis-à-vis de cette réclamation pendante depuis longtemps.

Vous laisserez copie de cette dépêche au Secrétaire d'État des Relations Extérieures du Gouvernement Haïtien.

Je suis avec une haute considération, etc.

DERBY.

N 24

RELATIONS EXTÉRIEURES

Port-au-Prince, le 10 avril 1878.

M. LE MAJOR R. STUART,
    Ministre de S. M. Britannique.

Monsieur le Ministre,

Le 19 mars dernier, vous m'avez fait l'honneur de m'adresser une dépêche pour me remettre copie de celle que le Secrétaire d'État des Affaires Étrangères de S. M. Britannique, en vous invitant à me laisser cette copie pour mon Gouvernement, vous a écrite en date du 28 février dernier, sous le n° 5 relativement à l'affaire de la dame veuve J. Maunder.

Comme vous le savez, Monsieur le Ministre, j'ai reçu cette communication de votre part dans un moment où le Gouvernement de la République était absorbé par de vives préoccupations, nées de l'attentat odieux qui, du 14 au 17 mars, a mis en danger l'existence même du Gouvernement et bouleversé la paix publique. Le Chef de l'État, rappelé en toute hâte du département du Sud, où il se trouvait en tournée avec mes autres collègues, et revenu à la capitale le 17 mars, a dû, pendant plusieurs jours, donner tous ses soins aux mesures que réclamait aussi bien le complet rétablissement de la tranquillité que l'aplanissement des difficultés diverses occasionnées par le grave événement du 14 mars, et dont quelques-unes n'ont pas encore disparu jusqu'à ce moment.

Toutefois, je n'ai pas mis de retard à placer sous les yeux du Président de la République et du Conseil des Secrétaires d'État, avec votre dépêche du 19 mars, la copie de celle du Secrétaire d'État des Affaires Étrangères de S. M. Britannique et je suis chargé par mon Gouvernement de vous informer que cette communication a été l'objet de sa plus sérieuse considération.

La dépêche du 28 février du Secrétaire d'État des Affaires Étrangères de S. M. Britannique semble révéler chez Sa Seigneurie cette impression que le Gouvernement Haïtien, par des retards et des objections systématiques, cherche, dans le cas de la réclamation pendante, à éluder l'admission de toute compensation ou indemnité pour la violation de droits et d'intérêts placés sous la protection britannique. Ce serait manquer au devoir commandé, non seulement par sa loyauté et sa sincérité, mais encore par le soin vigilant que le peuple haïtien a constamment montré pour le maintien des rapports les plus amicaux avec le Gouvernement Britannique, si mon Gouvernement ne vous exprimait combien il a été péniblement affecté de constater cette impression et combien, au contraire, il n'a rien plus à cœur que de s'efforcer à l'effacer. Dans cette question, il n'y a en cause qu'un intérêt purement privé où, de plus, mon Gouvernement n'a jamais hésité à admettre loyalement le droit de la réclamante à une indemnité; où enfin le défaut d'une entente définitive, et par suite le retard mis à l'adoption d'une solution, est provenu de circonstances qui écartent la pensée de tout mauvais vouloir de la part du Gouvernement Haïtien; je me suis demandé, Monsieur le Ministre, s'il ne fallait pas attribuer l'impression sous laquelle s'est trouvé l'honorable chef du Foreign Office, au sujet de cette réclamation veuve J. Maunder, à quelque malentendu résultant de renseignements incomplets ou inexacts. Et il m'a semblé que la dépêche même du 28 février 1878 pourrait fournir quelque preuve à cette supposition.

Ainsi, je vois, dans la dépêche de Sa Seigneurie, un passage où il est dit que la dame J. Maunder, «fut violemment et illégalement dépossédée aussi bien de l'île de la Tortue que de toutes ses propriétés par le général Domingue. »

Il est cependant avéré que la réclamante, sous le gouvernement de ce général, n'a été interrompue que dans la jouissance de sa concession de l'île de la Tortue et, depuis lors jusqu'à ce moment, a constamment joui paisiblement, en tant qu'il s'agit de l'action du Gouvernement Haïtien, non seulement de tous les biens qu'elle possède dans le pays à titre d'haïtienne, mais encore de ceux qui lui sont venus de l'héritage de feu son mari qui, lui aussi, ne pouvait en être propriétaire qu'à titre de citoyen haïtien, la loi haïtienne n'accordant le droit de propriété immobilière qu'aux natifs du pays.

Il est dit encore dans la dépêche du 28 février: « .... Je dois vous
» inviter à faire remarquer au Gouvernement Haïtien que son Secrétaire
» d'État des Relations Extérieures dans sa lettre du 9 février 1877,....
» admettait comme un fait incontestable que M. Maunder avança à
» M. Prosper Élie la somme de £ 22,757 sur la garantie de bois à lui
» assignée... Le Gouvernement de S. M. a simplement demandé le
» remboursement de la partie de la réclamation déjà admise par le Gou-
» vernement Haïtien. »

Si vous voulez bien, Monsieur le Ministre, relire attentivement cette dépêche en date du 9 février 1877, à laquelle il est fait ici allusion, vous n'aurez, je présume, pas de peine à reconnaître qu'il y a peut-être malentendu dans l'appréciation qu'en a tirée Sa Seigneurie au sujet de l'opinion du Gouvernement Haïtien sur le point ci-dessus cité. — La dame veuve Joseph Maunder, concessionnaire de l'exploitation de l'île de la Tortue, a vu suspendre sa jouissance durant le cours de cette exploitation, et la suspension dure depuis bientôt trois années. Elle réclame du Gouvernement Haïtien, pour le tort qu'elle croit avoir éprouvé dans la circonstance, une indemnité, dont le montant a paru au Gouvernement Haïtien tout à fait en disproportion avec ce qu'il serait juste, selon son opinion, de lui allouer pour l'indemniser. Certes, Monsieur le Ministre, le Gouvernement Haïtien, dans le règlement des questions de cette nature, a déjà eu assez de preuves de la grande équité et du parfait esprit de conciliation du Gouvernement de S. M. Britannique pour qu'il fût convaincu de pouvoir réussir à conduire la réclamation actuelle à quelque solution satisfaisante avec le Représentant de S. M. Mais ça été en raison même de cette exagération du chiffre demandé par la réclamante qu'il a cru devoir donner une preuve manifeste de sa parfaite loyauté et de son entière impartialité, en recourant à un arbitrage pour la solution de la difficulté dans son intégralité.

Le Gouvernement Haïtien, il vous prie d'en être bien persuadé, Monsieur le Ministre, sera toujours disposé à adopter toute résolution capable de témoigner, non seulement de sa profonde déférence pour le Gouvernement de S. M. Britannique mais encore du grand prix qu'il attache à maintenir, même à resserrer de plus en plus les liens d'amitié qui existent entre le peuple haïtien et la grande nation anglaise. Mais il doit compte de toutes ses résolutions au Corps Législatif dont il relève, et le sentiment qui lui conseille, dans les questions de cette nature, de prendre toutes les précautions nécessaires pour justifier ses décisions et pour couvrir sa responsabilité, méritera assurément, Monsieur le Ministre, d'être apprécié par le Gouvernement de la nation Britannique.

Mon Gouvernement, Monsieur le Ministre, a particulièrement pris en sérieuse considération la partie de la dépêche du 28 février où le Chef du Foreign Office vous invite à « appeler de nouveau l'attention du Gouvernement » Haïtien sur ces termes de l'arrangement, dans l'espoir qu'il puisse adopter » telle mesure propre à écarter la complication qui doit sortir de la persis- » tance de sa part à garder l'attitude qu'il a prise vis-à-vis de cette récla- » mation pendante depuis si longtemps. »

Au nom du Gouvernement Haïtien, Monsieur le Ministre, j'aurai l'honneur, dans le plus bref délai possible, de vous proposer un règlement, à la préparation duquel mon Gouvernement travaille en ce moment et que les embarras au milieu desquels il s'est trouvé depuis les récents événements, l'ont empêché de vous formuler dès aujourd'hui même.

Je saisis cette occasion de vous renouveler, etc.

F. Carrié.

N° **25**

RELATIONS EXTÉRIEURES

Port-au-Prince, le 19 juin 1878.

M. LE MAJOR R. STUART,
MINISTRE RÉSIDENT DE SA MAJESTÉ BRITANNIQUE.

Monsieur le Ministre,

En réponse à la communication que vous nous avez faite en date du 19 mars dernier, j'ai l'honneur de vous remettre le mémoire ci-inclus sur la question de la Tortue.

La solution qui y est proposée consiste en une indemnité de dix mille livres sterling, dans l'abandon des redevances que la concessionnaire doit à l'État pour le temps qu'elle a exploité l'île, soit en son nom personnel, soit sous le nom de l'ancienne Compagnie. Je n'insiste pas sur la remise de l'île aux mains de Mme Maunder, puisque cette île ne lui a jamais été enlevée et qu'il n'a dépendu que d'elle d'y travailler depuis deux ans.

Les redevances que mon Gouvernement abandonne proviennent de l'expédition de cargaisons de bois tant en Europe qu'au Cap à la maison Wilson-Lyons et à d'autres maisons de cette place.

Vous me permettrez de vous faire observer, M. le Ministre, que le non paiement de ces redevances, pendant une période de temps qui excède quatre années, constituait une dérogation assez grave pour annuler en droit le contrat; aussi, sauf sous la Présidence du Général Domingue, Mme Maunder n'a-t-elle dû qu'à la bienveillance du Gouvernement d'Haïti le maintien d'un contrat dont elle s'arme aujourd'hui pour réclamer à son ancienne patrie des sommes exorbitantes, basées non seulement sur tous les torts plus ou moins réels qu'elle a eu à subir du Gouvernement déchu, mais aussi sur les bénéfices hypothétiques d'un travail qu'elle ne fournit pas.

Vous me permettrez également de relever en passant une contradiction qui existe dans cette réclamation. Parmi les dommages qu'allègue Mme Maunder, sujette anglaise, ayant renoncé de la façon la plus positive aux bénéfices des lois de son ancienne patrie, figure la perte de ses propriétés en Haïti. Que Mme Maunder réclame à la fois la protection du Gouvernement Anglais, comme sujette anglaise, et des droits de propriété qui n'appartiennent qu'à la qualité d'Haïtien, ce sont là des confusions dont elle nous a donné l'exemple, en demandant trois fois la même chose, tantôt sous la forme du premier capital versé à la Compagnie de la Tortue, tantôt sous celle du capital dû à la banque (au fond identique au capital versé à la Compagnie de la Tortue) tantôt enfin en réclamant les bénéfices éventuels d'un contrat en

9

vertu duquel elle se reconnait payée sans réserve aucune, ainsi que vous le verrez plus bas, et de ce premier capital et de ces premiers dommages. Mais que le Gouvernement Anglais, ainsi que le constate la dépêche que vous nous avez fait l'honneur de nous communiquer, étende sa protection non seulement sur les droits que la réclamante croit avoir en sa qualité d'Anglaise, mais encore sur ceux qu'elle ne saurait posséder qu'en qualité d'Haïtienne, c'est là une générosité que mon Gouvernement ne saurait accepter sans réserve.

Je ne veux pas rentrer ici, Monsieur le Ministre, dans une discussion que la dépêche en date du 9 février 1877 de mon prédécesseur a suffisamment éclaircie. Je me bornerai seulement à vous expliquer pourquoi mon Gouvernement n'a pu adopter le point de vue du Gouvernement de Sa Majesté Britannique et accepter le paiement du premier capital versé, comme condition de l'arbitrage pour le reste des réclamations. Dans ce but je prends la liberté de vous citer deux documents, dont un examen plus attentif justifiera pleinement aux yeux du Gouvernement de Sa Majesté Britannique, l'attitude prise par mon Gouvernement. Le premier est le passage de la dépêche de mon prédécesseur sur laquelle le Gouvernement Anglais se fonde pour réclamer le remboursement de 22,000 livres sterling. Le second est un extrait même du contrat de concession de l'île de la Tortue à Mme Maunder.

Il est dit dans cette dépêche :

« Mais à part cette question, il faut remarquer que la pièce produite par
» Mme Maunder pour réclamer un capital de £ 35,000 et les intérêts de
» cette somme du 31 décembre 1869 au 30 juin 1878, ne justifie pas com-
» plètement ce premier chef de demande. Car en effet, par la seule lecture
» du certificat de la maison Prosper Elie, on voit que la somme avancée par
» Joseph Maunder était de £ 22,757 au 3 mars 1867. Il est vrai que cette
» même pièce faisait prévoir que d'autres avances pourraient être faites par
» Joseph Maunder, mais aucune pièce au dossier ne prouve qu'une autre
» somme ait été ajoutée à la première.

» C'est là un point sur lequel le Gouvernement est bien fixé.

» Ce capital de £ 35,000 n'est donc nullement justifiée et *de plus rien ne*
» *prouve que les £ 22,757 aient été employées dans l'exploitation de l'île de la Tortue,*
» *encore que le certificat dont il est question soit valable en tous points.* Le fait qui
» paraît certain c'est que Prosper Elie devait cette somme à J. Maunder
» et qu'il a donné à ce dernier en garantie six ou sept cent mille pieds de
» bois d'acajou lui appartenant à la Tortue.

» *Et puis je vous prierai de remarquer qu'aucune constatation exacte n'est faite*
» *de la quantité de ces bois qui, d'après le même certificat, varie de cent mille*
» *pieds* ».

Voici l'article du contrat de concession :

Il est entendu :

« Que par cette concession du bail vous renoncez à toutes les réclamations faites contre le gouvernement pour troubles, évictions, vols, pillage etc., etc.

ainsi qu'à toutes autres réclamations en dommages-intérêts et généralement quelconques pour les torts qu'ont pu vous occasionner les derniers événements que nous venons de traverser, vous tenant pour contente et satisfaite, sans réserve aucune ;

« Qu'il n'est porté aucun changement au contrat passé le 26 mars 1862, au rapport de Me V. Frédérique ni aux modifications annexées. »

Vous le voyez Monsieur le Ministre, il ressort nettement de ces deux extraits que le Gouvernement d'Haïti n'a pas reconnu et ne pouvait reconnaître la légitimité du remboursement du premier capital, puisque Mme Maunder y avait formellement renoncé par l'acceptation de son contrat; que sa substitution à l'ancienne Compagnie, son exploitation personnelle pendant trois années avant l'expiration du bail Devèze, la prise de possession de tout le matériel et des bois coupés laissés par l'ancienne compagnie l'avaient, avant même l'entrée en jouissance de sa propre concession, couverte du premier capital de £ 22.000 et de ses premiers dommages. En un mot, payée par la cession volontaire de l'ancienne Compagnie du capital avancé et des intérêts dus à cette époque, Mme Maunder était de nouveau remboursée, de la part de l'État, du même capital et des mêmes intérêts par le fait d'une concession de dix ans, augmentée plus tard de neuf années.

Il résulte également du contrat de l'ancienne Compagnie, auquel se réfère le général T. Rameau que le principe de l'arbitrage ne saurait être soumis à aucune condition préalable, puisqu'il est inhérent au contrat accepté par Mme Maunder ; en effet, une des parties ne saurait se soustraire aux clauses formelles d'une convention qu'elle a librement signée, en la subordonnant à des conditions qui sont contraires non seulement aux principes de droit établis par cette convention, mais à son esprit, à sa raison d'être.

Comment donc pourrions-nous admettre le remboursement d'un capital déjà payé par l'ancienne Compagnie, comme condition d'un arbitrage sur les suites du contrat qui constitue le remboursement de ce même capital par l'État? Cet arbitrage que mon Gouvernement n'a invoqué que pour prouver sa bonne foi, mais qui est au fond la règle de droit essentielle du contrat, n'est-il pas violé en fait, s'il est soumis à des conditions préalables qui sont la négation même de la transaction primitive entre la réclamante et mon Gouvernement ? Hier encore, le Tribunal civil, le Tribunal de cassation du Port-au-Prince, par deux jugements successifs, n'hésitaient pas, en s'appuyant sur cette clause de l'arbitrage pour décliner leur compétence, a repousser en faveur de Mme Maunder les demandes fondées en droit mais exagérées, par lesquelles le gouvernement du général Domingue tentait d'arracher une résiliation intéressée du bail de la Tortue. Pouvons-nous penser que le respect pour les clauses de son contrat, que la sujette de Sa Majesté Britannique a rencontré dans un pays accusé de mauvaise foi, et cela, malgré la pression d'un pouvoir despotique, que ce respect, le

Gouvernement d'Haïti ne le rencontrera pas chez le Gouvernement de Sa Majesté ? Nous l'admettons d'autant moins que les conditions même mises par le Gouvernement de la Reine à l'acceptation de l'arbitrage semblaient laisser entrevoir dans son esprit un doute sur la légitimité du reste de la réclamation, doute que la plus légère étude de la question justifierait pleinement.

En résumé, Monsieur le ministre, la proposition du Gouvernement de Sa Majesté Britannique annulant en fait et l'arbitrage et le contrat, puisque l'abandon de ce premier capital est la condition même de la transaction passée entre Mme Maunder et le général T. Rameau, mon Gouvernement, dans son ardent désir de maintenir avec celui de Sa Majesté ces relations d'amitiés dont il sent si vivement le prix, a voulu mettre fin à un différend irritant par l'adoption d'une solution mixte, qui satisfasse à la fois l'équité et la raison.

Cette solution donne à Mme Maunder une large compensation pour l'interruption dont elle a été victime dans ses travaux ; j'entends par l'interruption forcée provenant du fait plus ou moins patent du gouvernement déchu, non l'interruption volontaire à laquelle Mme Maunder s'est elle-même condamnée depuis deux ans pour augmenter le chiffre de ses dommages intérêts. D'autre part, elle satisfait l'ambition la plus exigeante, pour peu qu'elle soit loyale, en lui permettant de recommencer l'entreprise dans des conditions de capital que Mme Maunder n'a jamais connues, en lui offrant ainsi les moyens de réaliser par un travail régulier et, nous aimons à le croire, désormais fructueux pour l'État, les bénéfices demandés aujourd'hui à la protection du pavillon anglais. Le Gouvernement de la Reine trouvera, je n'en doute pas, dans cette conduite la preuve non seulement de la bonne foi de mon Gouvernement, que des accusations intéressées ont cherché à ternir, mais encore celle d'une générosité que n'a pu laiser l'impatience, de la part de la réclamante, de convoitises que rien ne justifie.

Je ne doute donc pas, Monsieur le Ministre, qu'une étude attentive ne fasse voir au Gouvernement Anglais cette affaire sous son véritable aspect. Si, ce qu'à Dieu ne plaise, des ordres, auxquels nous nous refusons de croire, venaient couper court à tout examen, en substituant la pression de la force aux considérations du droit, mon Gouvernement ne désespérerait pour cela ni de la légitimité de sa cause, ni de la loyauté du Gouvernement Britannique, et il se réserverait, même alors, d'en appeler de l'Angleterre surprise dans sa bonne foi, à l'Angleterre mieux informée.

Veuillez agréer, Monsieur le Ministre, l'assurance de ma haute considération.

Le Secrétaire d'État des Relations Extérieures.
F. Carrié.

N° 26.

RELATIONS EXTÉRIEURES

Port-au-Prince, le 19 juin 1878.

M. LE MAJOR STUART.

Ministre de S. M. Britannique.

Monsieur le Ministre,

Dans la dépêche que j'eus l'honneur de vous adresser le 10 du mois d'avril dernier, relativement à la réclamation de la dame veuve Joseph Maunder, je vous annonçais, en terminant, l'envoi prochain d'une proposition pour le règlement de cette réclamation. Je viens ici accomplir cette promesse, au nom du Gouvernement de la République.

Mais avant d'aborder ce point de la question, je vous prierai de me permettre, Monsieur le Ministre, de retracer, aussi rapidement que possible, tant les faits et données de cette affaire que les différentes phases par lesquelles a passé, jusqu'à ce moment, la recherche mutuelle de son règlement, afin de rapprocher et de condenser les éléments d'appréciation et par là d'aider à faciliter l'adoption d'une solution. J'aime aussi à me persuader, Monsieur le Ministre, qu'un tel exposé peut contribuer à effacer, ce que nous désirons bien vivement, dans l'esprit du Gouvernement de S. M. Britannique, cette impression que mon Gouvernement, dans le cas présent, pût être animé d'aucun mauvais vouloir de faire droit à des intérêts lésés placés sous la protection britannique.

En octobre 1874, quelques mois après l'avènement du général Domingue au pouvoir, la dame veuve Joseph Maunder était en possession, depuis quatre années et demie environ, de l'exploitation de l'île de la Tortue, à titre de ferme de l'État, quand prirent naissance entre elle et l'administration d'alors des difficultés qui devaient aboutir peu après à la suspension de l'exploitation de cette île, du fait et au profit de cette dame. La dame veuve Joseph Maunder avait en mains cette exploitation : 1° aux droits de Prosper Elie auquel feu son mari avait avancé de l'argent sur la garantie d'une quantité de bois d'acajou, produits de la Tortue ; 2° en vertu d'une décision du Gouvernement du général N. Saget, en date du 22 mars 1870 *(Pièce cotée A)*, par laquelle la concession de cette île lui était faite pour dix années à partir de l'expiration (26 mars 1873) du contrat des concessionnaires actuels, décision à laquelle était venue s'ajouter, le 4 avril 1874, une nouvelle décision ministérielle *(Pièce cotée B)*, prolongeant de neuf années la durée de la concession et accordant à la concessionnaire la faculté de tirer de l'étranger les bras nécessaires à son exploitation.

Les difficultés survenues (*Pièce cotée* C), qu'elles fussent soulevées de bonne foi ou suscitées par passion, se motivaient sur l'irrégularité du titre de la concessionnaire, le non-paiement des redevances, enfin l'évaluation en espèces de ces mêmes redevances stipulées en nature au contrat primitif et temporairement converties en versements de numéraire.

La première communication officielle de la Légation de S. M. Britannique sur cette affaire porte la date du 24 novembre 1874. M. Spencer Saint-John, votre prédécesseur, Monsieur le Ministre, jugeait à propos de rappeler—la question de la somme due par le concessionnaire au Gouvernement Haïtien étant encore pendante — qu'en 1872 le Gouvernement d'alors avait provisoirement autorisé la concessionnaire à régler en espèces les 35 1/2 pour cent de redevance due en nature, que le chiffre à adopter devait être celui de P. 66 par millier de pieds de bois, chiffre accordé en 1863 au concessionnaire de cette époque ; qu'enfin c'était par la voie arbitrale qu'il fallait, d'après les termes du contrat, régler les difficultés survenues entre la concessionnaire et l'administration. Le 3 décembre, le Secrétaire d'État des Relations Extérieures d'alors, répondait que les Tribunaux ayant été saisis de l'affaire, c'était à leur examen que la réclamante avait à soumettre les observations contenues dans la dépêche de M. le Ministre de S. M. B. Le 10 du même mois, M. S. Saint-John appelait l'attention du Gouvernement Haïtien sur les procédés d'un sieur Arnoux qui, prétendant agir au nom de ce Gouvernement, avait, de fait, pris possession de la Tortue et commencé à travailler pour son propre compte. « Si M. Arnoux a quelque réclamation à faire à Mᵐᵉ Maunder, ajoutait le Ministre, qu'elles soient réglées légalement par les tribunaux et non par la violence. »

Le 22, le Secrétaire d'État des Relations Extérieures transmettait au Ministre de S. M. B. copies des lettres à lui adressées par ses collègues de la Justice et de la Police Générale, en réponse à la demande qu'il leur avait faite de donner les instructions nécessaires pour ramener les choses à un état normal et pacifique ; et il terminait en disant que ce qu'il y avait de mieux à faire, dans la circonstance, c'était d'attendre l'issue du procès pendant entre M. Arnoux et Mᵐᵉ veuve Maunder.

Le 13 janvier 1875, vous entriez en fonctions, Monsieur le Ministre, en remplacement de M. Spencer Saint-John et vous laissiez provisoirement la gérance de votre Légation au vice-consul de S. M. B. en Haïti, M. Henri Byron, qui écrivait le 25 à M. Excellent pour demander que permission fût accordée pour l'embarquement à la Tortue d'une quantité de bois d'acajou, livrée antérieurement à cette difficulté, par la dame veuve Joseph Maunder, à MM. Wilson, Lyons et Cⁱᵉ, du Cap-Haïtien, en remboursement d'avances faites par cette maison à la concessionnaire. En même temps, il disait : « M. Maunder (le beau-frère de la concessionnaire) pense avec moi que les ordres que vous avez dit à cette Légation avoir été envoyés aux autorités du Port-de-Paix, à l'effet de faire sortir M. Arnoux de la situation qu'il a prise par l'autorisation du Gouvernement Haïtien, ont été exécutés » — A cette demande, M. le Secrétaire d'Etat Excellent répondait, le 29 janvier « que M Arnoux ayant quitté l'île de la Tortue, Mme Maunder pouvait, à ses risques et périls, faire remettre les bois destinés à la maison Wilson, Lyons et Cie.

Le 18 mars, M. le vice-consul, chargé de la légation de S. M. B., écrivait au Secrétaire d'État des Relations Extérieures au sujet d'une assignation lancée contre la dame veuve Joseph Maunder à l'effet de l'appeler à venir *répondre de certains faits à elle imputés par-devant le Tribunal du Port-de-Paix.*

Le 23, le Secrétaire d'État, transmettant les renseignements demandés, explique que la situation faite a la dame veuve Joseph Maunder est basée sur les lois du pays et, quelque difficile qu'elle puisse paraître, ne lui est point faite irrégulièrement. Le 6 avril, il annonçait qu'après un nouvel examen de l'affaire de la dame veuve Joseph Maunder par le Conseil des Secrétaires d'État, le Gouvernement contestait à cette dame la nationalité anglaise qu'elle réclamait, et il terminait ainsi cette communication: « Le Gouvernement sait qu'il a affaire à un peuple magnanime qui, trop puissant pour se retrancher derrière les subtilités de la politique, se soumet à la saine raison et aux principes du droit, même en ayant affaire à une nation infiniment petite.

« Le Gouvernement espère donc qu'une explication claire et précise lui sera donnée sur l'État civil de Mme Maunder et de ses enfants, avant toute communication ultérieure. »

Dans ces entrefaites, la dame veuve Joseph Maunder avait inopinément quitté le pays, craignant à tort ou à raison qu'en se rendant à l'appel de la Justice, elle serait en butte à d'injustes persécutions sans trouver devant les tribunaux toutes les garanties nécessaires d'indépendance et d'impartialité. Les choses en restèrent là jusqu'au renversement du gouvernement du général Domingue, qui tombait du pouvoir le 15 avril 1876. Le 17 juillet de la même année, le gouvernement actuel était constitué par l'élection du général Boisrond Canal à la présidence de la République.

Ce fut le 28 août suivant que le gouvernement actuel avait l'honneur de recevoir de vous-même, M. le Ministre, une première communication au sujet de la réclamation de la dame veuve Joseph Maunder. En lui transmettant copie d'un exposé que la réclamante avait présenté au Secrétaire d'État, chef du Foreign Office de S. M. Britannique, vous appeliez la sérieuse attention du Gouvernement Haïtien sur cet exposé et vous ajoutiez que « les circonstances de cette affaire laissaient voir une réunion d'injustices, de violence et de mauvaise foi presque sans pareille dans les pays qui se vantent d'un gouvernement systématique et d'institutions judiciaires» et vous terminiez en soumettant, par ordre exprès de votre Gouvernement, à la considération du mien, l'affaire en litige, telle qu'elle était relatée dans l'exposé, et en faisant appel à tout sentiment de la justice et de l'humanité en faveur des intérêts outragés de cette dame anglaise. »

Cet exposé, pourtant, était plein d'allégations, les unes pour le moins exagérées, les autres tout à fait inexactes ; et pour démontrer, en passant, cette assertion, il me suffira de ne relever que quelques-unes de ces allégations, bien que, M. le Ministre, je n'entende tirer de cette démonstration aucun parti désormais utile et profitable, en ce qui concerne le règlement de cette réclamation de la dame veuve Joseph Maunder.

Ainsi, il n'est pas exact, comme l'exprime l'exposé, de dire que la concession, dès 1870, à la dame veuve Joseph Maunder de l'exploitation de la Tortue pour dix années, à partir de l'expiration, en 1873, du bail du précédent concessionnaire, fût faite en « *paiement* des sommes que le Gouvernement du président Salnave lui avait fait perdre et aussi comme *indemnité* pour les délais et suspensions occasionnés à ses affaires » parce que, par suite de cette concession faite aux mêmes conditions que la précédente, c'est-à-dire, moyennant paiement d'une redevance annuelle de 35 1/2 pour cent des produits de l'exploitation, il était entendu que la concessionnaire « renonçait à toutes les réclamations faites au Gouvernement pour troubles, évictions, vols, pillages et ainsi qu'à toutes les autres réclamations en dommages-intérêts et généralement quelconques pour les torts qu'avaient pu occasionner à la dame veuve Joseph Maunder les derniers événements. »

Ainsi encore, il est avancé dans cet exposé, qu'après le départ d'Haïti de la veuve Joseph Maunder en mars 1875, l'exploitation de la Tortue resta sous le contrôle absolu du *gouvernement Haïtien, assisté de M. Arnoux qui continua à expédier des cargaisons d'acajou et autres bois de valeur, s'en appropriant les produits*; tandis que la vérité est que, dès le mois de janvier précédent, le sieur Arnoux avait quitté la Tortue, comme on peut le constater dans la correspondance échangée à cette époque, entre M. le vice-consul Henry Byron et le gouvernement d'alors, correspondance mentionnée plus haut dans la présente dépêche.

Ainsi, enfin pour prouver que le Gouvernement Haïtien n'avait pas raison de contester à la dame veuve Joseph Maunder la nationalité anglaise qu'elle réclamait, l'exposé, après avoir insinué (ce qui était bien loin d'être la vérité) « que ce gouvernement avançait une telle objection dans le même moment où il venait d'exproprier Mᵐᵉ Maunder avec menaces, en donnant pour raison de cette violence, ceci : qu'elle était sujette anglaise », l'exposé établit la nationalité anglaise de la réclamante, entre autres faits, sur les suivants : 1° le mariage de Frédéric Maunder, père du mari de la réclamante, avec une personne haïtienne, mariage prouvé par un certificat délivré en 1842, par le Grand Juge d'Haïti (le Secrétaire d'État au département de la Justice), 2° le mariage de Joseph Maunder avec la réclamante,

en sa qualité d'Anglais et d'après les lois anglaises, au consulat anglais de
Port-au-Prince. Or, M. le Ministre, le sieur Joseph Maunder jusqu'à sa mort
survenue en avril 1868, a constamment joui, en Haïti, de la qualité d'haïtien, y a possédé des immeubles, y a exercé des fonctions publiques et
servi dans la garde nationale. Si le mariage de feu Frédéric Maunder avec
la demoiselle Joséphine Busse a jamais eu lieu par devant un officier de l'État-
civil haïtien, il serait encore possible d'avoir une expédition de l'acte de
mariage en question, les doubles des registres de l'état-civil pour la juridiction du Tribunal Civil du Port-au-Prince étant encore existant au dépôt
central des Archives. Et c'est cette expédition et non un simple certificat
de Grand Juge d'Haïti, qui aurait dû être produite à l'étranger pour être
utilisée. Quant au mariage de feu Joseph Maunder avec la réclamante, il
fut célébré, non au consulat anglais et d'après les lois anglaises, mais bien
par devant l'officier de l'état-civil haïtien, Jean Joseph Rivière, le 27 septembre 1852 et d'après les lois haïtiennes, comme il appert de la pièce D,
ci-annexée.

Bien que l'exposé fît mention d'un capital de soixante-dix mille livres
(70,000), intérêts compris, engagées dans l'exploitation et d'une estimation
des bénéfices à raison au moins de cinq mille livres par an (5,000) à cal-
culer pour dix-huit années, il ne formulait aucune demande nette et précise, comme étant l'objet de la réclame.

A la date du 8 septembre, mon prédécesseur vous ayant informé qu'en
exécution de la décision du Gouvernement, il allait sans retard soumettre
l'affaire au Corps Législatif, en session à ce moment, dans votre dépêche
du 14 du même mois, vous critiquiez cette décision et en discutiez la légitimité, et trouvant les droits de la dame veuve Joseph Maunder et les
torts qu'elle avait subis à la Tortue clairement démontrés par son exposé,
vous faisiez ressortir que c'était la réparation de ces torts qui était demandée à ce moment, et que cette réparation devait provenir, non du Pouvoir
Législatif, mais du Pouvoir Administratif du pays. Vous ajoutiez que ce
principe admis, toute divergence d'opinion sur le chiffre de la compensation pourrait s'arranger entre vous et le Gouvernement Haïtien, mais que
« vous ne sauriez consentir à ce que l'affaire, telle qu'elle était à présent,
» fût soumise au Corps Législatif, procédé qui serait inconstitutionnel et
» étranger au caractère de l'affaire et entraînerait de nouvelles difficultés
» et de nouveaux délais. »

En conséquence, vous protestiez formellement contre la résolution prise
par le Gouvernement et vous lui demandiez de vous faire savoir s'il entendait sans plus de délai, rendre justice à la réclamation de la dame veuve
Joseph Maunder.

Le 6 octobre, le Secrétaire d'État des Relations Extérieures, pour arriver
à un arrangement qui permit de terminer cette affaire à la satisfaction
des parties, faisait remarquer que l'exposé de la dame veuve Joseph

Maunder n'établissait pas d'une manière précise ce qu'elle entendait demander en réparation des torts dont elle se plaignait. Il proposait en conséquence que sa demande fût exactement formulée et que le Gouvernement fût mis en possession, par l'intermédiaire de la Légation de S. M. Britannique, de tous les documents de nature à éclairer la question et à établir la somme des pertes supportées par la réclamante.

En réponse à cette communication, vous annonciez, le 14 octobre, au Secrétaire d'État des Relations Extérieures, l'envoi prochain d'une dépêche pour répondre à son désir d'une manière ample et complète ; et en attendant, vous lui soumettiez une lettre de la dame veuve Joseph Maunder demandant qu'avant toute discussion sur le chiffre de l'indemnité à lui payer, une provision suffisamment large lui fût allouée, provision à déduire ensuite de la somme qui lui serait payée ultérieurement ; et en appuyant cette demande, vous présentiez, entre autres raisons, la suivante : « que le » peuple haïtien est responsable des pertes que Mme Maunder a suppor- » tées par le fait de son gouvernement, responsable non seulement envers » la dame elle-même, mais aussi envers le Gouvernement Britannique » dont elle est sujette et qui tiendra aux avis qu'il a pris sur l'affaire en » question ». Dans ce nouvel exposé, la dame veuve Joseph Maunder rappelait aussi que , dès sa première protestation présentée en janvier 1875 au représentant en Haïti de S. M. Britannique, elle avait déclaré qu'elle *renonçait à l'exploitation de la Tortue et demandait purement et simplement le remboursement de ses capitaux et de forts dommages-intérêts pour ses pertes et les torts à elle causés.*

Le 17 octobre, mon prédécesseur vous priait « de transmettre à » Mme Maunder le regret du Gouvernement de ne pouvoir accéder à son » désir, la loi organisant le service financier de la République faisant le » devoir au Ministre des Finances de n'autoriser aucune sortie de fonds » qu'au préalable une ordonnance de dépense, accompagnée de toutes les » pièces justificatives nécessaires, n'ait été émise. »

Le mois suivant, le 14 novembre, vous remettiez au Secrétaire d'État des Relations Extérieures un état des pertes et dommages, que Mme Joseph Maunder disait avoir éprouvés dans l'affaire de la Tortue, et qui étaient évalués à la somme de £ 142,208.16.10 (P. 682,603.10°).

Deux mois après cette remise, n'ayant pas reçu de nouvelles communications de la part du Gouvernement Haïtien, vous écriviez le 24 janvier 1877 à mon prédécesseur pour vous plaindre de ce retard et exprimer le mécontentement que vous ressentiez de la manière dont on vous paraissait agir à l'égard d'une affaire où se trouvait engagée toute la fortune d'une sujette anglaise, que vous aviez ordre de votre Gouvernement de soutenir ; et ajoutant « qu'on ne pouvait indéfiniment remettre le paiement » dû à une sujette britannique pour le vol et la spoliation commis par le » Gouvernement Haïtien », vous terminiez votre dépêche en déclarant

« que, si vos efforts pour effectuer un arrangement ne rencontraient que
» de nouveaux délais, il serait de votre devoir de transmettre à votre
» Gouvernement la correspondance échangée sur cette affaire avec le
» Gouvernement Haïtien et de demander de nouvelles instructions. »

Le 9 février 1877, M. Liautaud Ethéart, mon prédécesseur, abordait avec
vous, Monsieur le Ministre, la discussion des quatre points suivants, formant
la réclamation de la dame veuve Joseph Maunder :

1° Paiement de la somme de £ 54,528.16.10, montant au 30 juin 1876,
d'un capital de £ 35,000 prêté par feu Joseph Maunder à Prosper Élie, et
garanti par six à sept cent mille pieds de bois d'acajou à la Tortue, avec
les intérêts à 6 pour 100 l'an, à partir du 30 décembre 1868;

2° Paiement d'une somme de £ 17,680 due par feu Joseph Maunder à
la Banque de Liverpool, et pour laquelle somme avaient été donnés en
garantie les produits de l'exploitation de la Tortue;

3° Paiement d'une somme de £ 10,000, chiffre du nouveau capital employé en travaux par la réclamante à la Tortue ;

4° Paiement de £ 60,000 pour les bénéfices que la réclamante eût réalisés
durant les dix-huit années de sa concession.

Le Secrétaire d'État des Relations Extérieures concluait son examen de
la manière suivante :

« En résumé, après l'étude consciencieuse et approfondie des réclamations
» de Mme Maunder, ainsi que des documents qu'elle a produits, mon
» Gouvernement pense qu'il n'y a pas lieu d'admettre les deuxième et
» quatrième chefs de demande: que le troisième, avant d'être pris en
» considération, demande à être appuyé de pièces probantes; et en ce qui
» concerne le premier, qu'il est juste que Mme Maunder soit indemnisée de
» la valeur réelle des bois d'acajou qu'elle avait à la Tortue, au moment
» où M. Maunder les recevait en garantie des sommes que lui devait la
» maison Prosper Élie de cette ville. Une enquête qui est de toute nécessité
» en l'espèce, établira cette indemnité. »

Discutant, le 12 mars suivant, les arguments sur lesquels s'étaient fondées
les objections de mon prédécesseur, vous vous empressiez, Monsieur le
Ministre, « de rendre justice à la bonne foi de mon Gouvernement, qui
avait, disiez-vous, sagement compris qu'il fallait d'abord reconnaître le
principe de l'indemnité réclamée », et vous résumiez la discussion dans
les points suivants, que vous déclariez acceptés et reconnus par le
Gouvernement de S. M. Britannique et ne pouvoir être l'objet de votre part
d'aucune transaction : 1° remboursement du capital primitif, calculé sur
la valeur des bois vendus sur les marchés européens; 2° remboursement du
capital à nouveau employé à la Tortue; 3° intérêt à 6 pour 100 l'an, capi-
talisé par six mois sur les deux capitaux ; 4° dommages et intérêts basés sur
le chiffre des bénéfices annuels déjà obtenus par l'exploitation.

Puis, vous accompagniez l'exposé de ces points des remarques suivantes:

« Je connais les idées de mon Gouvernement sur cette affaire. les fâcheux
» effets que ne manqueraient pas de produire des retards trop prolongés.
» L'enquête que vous proposez n'est pas acceptable, et je ne saurais
» l'admettre.

» En prenant la défense d'intérêts anglais dont la légitimité a été
» reconnue par mon Gouvernement, et ne saurait faire l'objet d'aucun
» doute aux yeux des personnes impartiales, j'ai voulu remplir les
» instructions à cet effet qui m'ont été transmises, mais je tiens tout autant
» à donner au Président d'Haïti et à son Gouvernement. une nouvelle
» preuve de la sympathie sincère qui m'anime à leur égard en travaillant
» à rétablir, par une prompte et équitable solution de la difficulté pendante,
» le crédit du pays à l'étranger. Je ne dois pas vous dissimuler que cette
» dépêche est la dernière que je vous écris sur cette question, et que à
» défaut d'un arrangement prochain, je me verrai forcé de remettre l'affaire
» aux mains de mon Gouvernement. »

Ainsi, le Gouvernement Haïtien avait admis en principe son obligation
d'indemniser la dame veuve Joseph Maunder ; cependant, trouvant les
prétentions de la réclamante tout à fait exagérées et en très grande
disproportion avec le tort qu'elle avait réellement subi, il voulait, en
discutant ces prétentions, tenter de les ramener dans les limites qui lui
paraissaient raisonnables et admissibles. Mais il éprouvait le regret de voir
échouer les efforts qu'il avait faits pour vous amener à partager ses vues
à cet égard.

Parvenue à ce point, la question, comme vous le suggériez vous-même,
Monsieur le Ministre. pouvait encore donner lieu à un recours par devant
le Gouvernement même de S. M. Britannique. Ce fut alors, comme j'ai eu
l'honneur de vous l'exprimer précédemment, qu'en vue d'abréger les
retards, en vue aussi de mettre à couvert sa responsabilité vis-à-vis de
ceux auxquels il doit compte de ses actes, en vue encore, comme il le
croyait du moins, de témoigner de sa parfaite loyauté dans cette question,
mon Gouvernement vous priait, le 9 avril, de consentir à ce que la réclamation fût soumise à l'arbitrage.

Le 19 avril, vous faisiez l'honneur à mon prédécesseur de l'informer
officiellement que la dame veuve Joseph Maunder consentait à accepter.
au lieu du montant de ses réclamations, une somme ronde de £ 100,000,
payable d'une manière convenable à l'état du Trésor. mais à condition
d'un à-compte immédiat. Et le 23 du même mois, le Secrétaire d'État des
Relations Extérieures avait le regret de vous faire savoir que son Gouvernement
n'admettait pas la prétention de la réclamante et restait toujours disposé
à soumettre la question à une solution par la voie de l'arbitrage.

A la date du 6 septembre suivant. vous portiez par mon intermédiaire . à la connaissance de mon Gouvernement, Monsieur le
Ministre, la réponse du Gouvernement de S. M. Britannique sur la demande

de l'arbitrage. Vous annonciez avoir reçu « l'ordre d'accepter l'offre du Gouvernement Haïtien de soumettre cette question à un arbitrage, pourvu que Mme Maunder y consentît. » Vous annonciez aussi avoir reçu l'ordre d'insister, comme condition d'acceptation de l'arbitrage, sur « le paiement immédiat de la somme de £ 22,000, avancée à la Compagnie de la Tortue sur la garantie des bois illégalement saisis par le général Salnave en 1868, avec les intérêts jusqu'au jour du paiement. »

Répondant à cette communication, le 15 du même mois, j'eus l'honneur de vous rappeler le point de vue que mon prédécesseur vous avait soumis le 9 avril pour la solution de cette question, ainsi qu'un passage du Message annuel du président d'Haïti à l'Assemblée Nationale, confirmant pleinement ce point de vue. De votre côté, dans votre dépêche du 15 septembre, vous insistiez fortement pour l'acceptation de la condition à laquelle était subordonnée la question de l'arbitrage, à savoir : le paiement immédiat d'une somme de £ 22,750 à la dame veuve Joseph Maunder.

Le 1er octobre, je vous exposai longuement les raisons pour lesquelles mon Gouvernement demandait encore l'arbitrage sur tous les points de la réclamation, et la question est restée en l'état jusqu'au 19 mars de cette année, jour où vous m'avez transmis copie de la dépêche du 28 février du Secrétaire d'Etat des Affaires Etrangères du Gouvernement de S. M. Britannique.

En retraçant rapidement l'historique ci-dessus de cette réclamation, permettez-moi de le rappeler encore, Monsieur le Ministre, je me suis bercé de l'espoir que l'examen impartial des faits devra effacer toute impression de mauvais vouloir de la part du Gouvernement Haïtien dans l'adoption d'une solution, comme aussi toute croyance à des retards calculés en vue d'éluder une solution.

Dès l'origine, la question s'est trouvée présentée sur un terrain et à un point de vue tel : les prétentions de la réclamante ont paru si exagérées à mon Gouvernement, qu'il a pensé qu'il serait plus à l'aise par devant des arbitres pour discuter ces prétentions et poser les bases d'une solution.

Et, comme j'ai eu l'honneur de vous le dire précédemment, en faisant au Gouvernement de S. M. Britannique la proposition de soumettre la question à un règlement par la voie arbitrale, il a cru sincèrement donner une preuve manifeste de sa loyauté dans la circonstance. Mais, dans son opinion, par devant la juridiction arbitrale, la question, pour être convenablement appréciée et résolue, ne pouvait être envisagée que dans son ensemble, comme un tout ne comportant qu'un examen de son intégralité et réclamant une solution à l'adoption de laquelle devaient contribuer des éléments tirés du cas envisagé dans son ensemble.

Si, en effet, il n'est pas contestable ni non plus contesté que feu Prosper Elie reçut en 1866 du premier concessionnaire Edmond Devèze, une quantité de bois d'acajou, en garantie d'avance de capitaux ; qu'en 1867,

Prosper Elie, à son tour, transmit cette garantie à feu Joseph Maunder, qui lui avait fait des avances de fonds, il n'est pas moins vrai qu'en 1870 la dame veuve Joseph Maunder obtint la concession de la ferme de l'île de la Tortue pour dix années, à partir de l'expiration du bail du précédent concessionnaire, avec une nouvelle prolongation de neuf années, et qu'au moment où survenait l'interruption de son exploitation en novembre 1874, elle en avait déjà joui depuis quelque temps.

La question à résoudre, devant porter tout d'abord sur les conséquences de l'interruption, puis sur un mode de réparation pour tout préjudice causé, mon Gouvernement n'a pas aperçu comment la difficulté survenue entre l'administration de l'ex-Président Domingue et la dame veuve Joseph Maunder pût avoir pour effet, au préalable et tout d'abord, de rendre exigible de lui le montant des avances faites à l'époque à Prosper Elie par feu Joseph Maunder. C'est pourquoi il eut l'honneur de vous prier de redemander à la justice impartiale du Gouvernement de S. M. Britannique que la question ne fût pas scindée, mais fût, au contraire, soumise, dans son ensemble, à la décision arbitrale. Mais Sa Seigneurie, dans la dépêche du 28 février dont vous m'avez laissé copie, après avoir rappelé que « le » Gouvernement de S. M. a simplement demandé le remboursement de » cette partie de la réclamation déjà admise par le Gouvernement Haïtien, » consentant de déférer le reste à l'arbitrage, vous recommande d'insister » pour que ce mode d'arrangement soit considéré à nouveau, dans l'espoir » que le Gouvernement haïtien prendra telle décision, propre à éviter la » complication qui doit résulter de toute persistance de sa part dans » l'attitude qu'il a prise à l'égard de cette réclamation pendante depuis » longtemps. »

C'est en vue de donner un témoignage non équivoque de son ferme et loyal désir d'arriver à une solution mutuellement satisfaisante de cette question, en vue aussi d'éviter tous nouveaux délais, que mon Gouvernement s'est décidé à vous proposer le mode de solution que je vais avoir l'honneur de formuler ici en son nom.

J'aborde maintenant le fond même de la question. La dame veuve Joseph Maunder était depuis quatre ans et demi, aux droits d'Edmond Devèze et en son propre nom, depuis vingt mois, en pleine jouissance d'un contrat de concession de l'île de la Tortue, quand survinrent, en novembre 1874, entre elle et le Gouvernement de l'ex-Président Domingue, des difficultés qui aboutirent à l'interruption de son exploitation, interruption qui dure jusqu'à ce moment, soit depuis environ trois ans et demi.

La jouissance de la réclamante qui avait commencé en 1870, par représentation du premier concessionnaire, et avait duré de ce chef jusqu'en 1873, devait s'étendre de cette année là à l'année 1892, soit durant une période de dix-neuf ans, par suite de la prolongation de neuf années obtenue du Gouvernement du Président Nissage Saget, en avril 1874.

Ainsi l'exploitation de la concession de la Tortue, quand elle fut interrompue, avait à continuer durant dix-sept à dix-huit années, après défalcation de la durée de l'interruption.

La concessionnaire fournit une preuve de l'importance qu'elle attachait à cette exploitation et du parti avantageux qu'elle espérait en tirer, par les termes mêmes des réclamations qu'elle a formulés contre le Gouvernement Haïtien, à titre de compensations justes et légitimes.

Ainsi, elle ne doutait pas de réussir dans ses dix-neuf années d'exploitation, à opérer l'encaissement, non seulement des avances faites par feu son mari (£ 22,000), mais encore des bénéfices que laisserait la vente des bois sur les marchés étrangers; à acquitter une dette due par feu son mari à la Banque de Liverpool (£ 17,680 : enfin, à réaliser un bénéfice de £ 60,000, après avoir pu faire face à tous les frais de son entreprise, y compris l'acquittement de la redevance annuelle de 35 1/2 0/0 en faveur de l'État.

De là, prit naissance et sur le montant et sur l'espèce des sommes imputables au Gouvernement Haïtien, cette divergence d'opinion qui a retardé la solution de cette réclamation et a donné lieu à la proposition de la soumettre à la décision arbitrale.

Il semblerait, M. le Ministre, que la solution la première, la plus naturelle, la plus conforme aux précédents internationaux, dans ces sortes de cas, qui dût se présenter à l'esprit, fut, sous la réserve expresse de l'indemnisation de la réclamante pour le tort que lui avait causé l'interruption, le rétablissement de la dame veuve Joseph Maunder en la possession pleine et entière de son exploitation.

Mais dans son exposé du 7 octobre 1876, transmis à mon Gouvernement sous le pli de votre dépêche du 14 du même mois, la réclamante disait : « Vous verrez que dès cette époque, par suite de ces violences, des » grandes pertes qui en étaient résultées pour moi et du peu de sécurité » que je trouvais, j'avais renoncé à cette exploitation et demandais pure- » ment et simplement le remboursement de mes capitaux et de forts dom- » mages-intérêts pour mes pertes et les torts à moi causés, ainsi que j'en » avais le droit aux termes de mon contrat. »

En m'adressant la copie du document où se trouvait formulée cette prétention, vous vous exprimiez ainsi : « Je vous transmets, sous ce pli, copie » d'une lettre que j'ai reçue de Mᵐᵉ Maunder qui demande qu'avant toute » discussion sur le chiffre total de l'indemnité à lui payer, il lui soit al- » loué une provision suffisamment large pour remédier à sa position ac- » tuelle etc. » Votre appui ayant semblé, dans ces termes, acquis à la réclamation de la dame veuve Joseph Maunder et l'entente n'ayant pas réussi à s'établir pour la solution à adopter, le Gouvernement Haïtien se réservait de soumettre par devant le Tribunal arbitral, parmi les formes de cette solution. celle que je viens d'indiquer et que je vais maintenant reproduire.

J'ai donc l'honneur, au nom de mon Gouvernement. de vous proposer, pour régler la difficulté pendante : 1° de remettre à Mme veuve Joseph Maunder. son exploitation de l'Ile de la Tortue devant continuer jusqu'en 1892 ; 2° de lui accorder pour l'interruption de trois années et demie qu'elle a subie, la somme de dix mille livres sterling (£ 10,000); 3° de la tenir quitte des redevances qu'elle doit et dont le recouvrement. sous le Gouvernement déchu. fut le point de départ des difficultés survenues alors entre elle et cette administration ; 4° de la munir d'un contrat en règle, afin de lui éviter, à l'avenir, toute contestation sur la validité de son titre. comme cela eut lieu en novembre 1874, les documents de sa concession ne se trouvant pas dans toutes les conditions de régularité voulues par nos lois.

Comme il est facile de s'en assurer. M. le Ministre, à part les détériorations résultant des effets du climat. telles, par exemple, que les pluies et la vigueur de la végétation. l'état des lieux n'a pas subi de changements importants ; les produits réalisés sont encore sur place et les richesses naturelles que l'exploitation n'avait pas encore entamées sont encore telles qu'elles ont été laissées en 1874.

L'administration. elle est en mesure de l'établir, — et la réclamante, la dame veuve Joseph Maunder, ne l'ignore pas non plus, — (Voir pièce cotée E.) a mis un soin constamment vigilant à maintenir, à la Tortue. toutes les choses en l'état, depuis la naissance du différend pour lequel une solution est recherchée dans cette dépêche.

La restitution à la concessionnaire de son exploitation qui. après une mise en œuvre de dix-huit mois et une interruption de trois années et demie environ, doit encore durer quinze années, outre qu'elle constitue le mode de solution le plus naturellement conforme au droit et à l'équité en l'espèce, met la réclamante en mesure de tirer tous les avantages, encore en perspective. qu'elle envisage dans son entreprise et dont elle voudrait. par le délaissement qu'elle prétend exercer, exiger l'acquittement réel et par anticipation du Gouvernement Haïtien. Du même coup, cette restitution écarte bien des difficultés inévitablement inhérentes à toute autre forme de solution, en rendant désormais inutiles tout examen et toute discussion sur la légitimité ou l'illégitimité des différents chefs de compensation réclamés par la veuve Joseph Maunder en échange de la perte de son exploitation. comme aussi, une fois admis les chefs de compensation, sur l'exagération ou la non exagération de leur évaluation en espèces sonnantes.

Quant à l'indemnité à accorder pour l'interruption de jouissance, la détermination n'en saurait offrir de bien grandes difficultés, puisqu'elle peut être basée sur des données réelles ou des faits positifs et d'une facile appréciation, tels que le rendement de l'exploitation, la détérioration survenue dans le matériel et les moyens techniques de cette exploitation, le préjudice causé par l'interruption et donnant titre à indemnisation. C'est en tenant équitablement compte de ces divers éléments que mon Gouvernement a fixé la somme de dix mille livres sterling (£ 10.000), et y a ajouté l'abandon des redevances encore dues par la dame veuve Joseph Maunder.

A ces considérations d'une haute importance, comme vous ne manquerez pas de le reconnaitre vous-même, M. le Ministre, vous me permettrez d'en ajouter une dernière, qui je l'espère, attirera l'atention du Gouvernement de S. M. B. et recevra un accueil favorable de son esprit de bienveillante justice et de haute impartialité.

L'entreprise de la dame veuve Joseph Maunder, comme c'est l'ordinaire dans les travaux de cette importance, a envers et contre des tiers des engagements à remplir ou des droits à exercer et parmi ces tiers, se trouvent des personnes de nationalité étrangère. En ce moment même, la réclamante est engagée, du chef de l'exploitation de l'Ile de la Tortue, dans des procès devant les tribunaux du pays, comme déjà le cas s'était produit au début de son différend avec le Gouvernement déchu, en novembre 1874.

Il n'est que juste et legitime que cette exploitation soit maintenue dans sa situation juridique vis-à-vis des particuliers avec lesquels elle a été en affaire, et que le Gouvernement Haïtien n'en vienne à se trouver impliqué dans des questions auxquelles il a été entièrement étranger et qui n'auront pris naissance que par le seul conflit d'intérêts purement privés.

Je ne terminerai pas cette dépêche, M. le Ministre, sans vous exprimer combien mon Gouvernement se féliciterait d'avoir ainsi trouvé, pour le règlement de cette question pendante depuis bientôt trois années, une solution acceptable au grand esprit d'équité et de conciliation du Gouvernement de S. M. Britannique.

C'est dans cette attente que j'ai l'honneur de saisir avec empressement, M. le Ministre, l'occasion de vous renouveler les assurances de ma très haute considération.

F. CARRIÉ.

TRADUCTION

N° 27.

LÉGATION BRITANNIQUE

Port-au-Prince, 22 juin 1878.

M. FÉLIX CARRIÉ,

SECRÉTAIRE D'ÉTAT DES RELATIONS EXTÉRIEURES.

Monsieur le Secrétaire d'État,

J'ai l'honneur d'accuser réception de vos deux lettres du 19 courant sur l'affaire Maunder.

Hier, j'ai lu à Mme Maunder les termes de l'arrangement que vous proposez. Elle refuse de les accepter, étant décidée à s'en tenir aux conditions mentionnées dans la dépêche du Secrétaire d'État des Affaires Étrangères de Sa Majesté Britannique en date du 28 février dernier, à savoir : le remboursement de cette partie de sa réclamation qui a été déjà admise par le Gouvernement Haïtien £ 22,757) avec intérêt; et le règlement du reste par l'arbitrage.

Comme il semblerait que la proposition que vous faites maintenant au nom de votre Gouvernement est celle que vous promettiez dans votre lettre du 19 avril dernier, j'ai l'intention de transmettre au Secrétaire d'État de Sa Majesté pour les Affaires Étrangères lesquatre chefs dans lesquels elle consiste, ainsi que la teneur du refus de Mme Maunder. Mais je ne me crois pas autorisé à accepter le fond ou la partie principale de vos lettres, parce qu'en agissant ainsi, je rouvrirais des questions déjà complètement discutées et dont le Gouvernement de Sa Majesté réclame le règlement immédiat.

En ce qui concerne donc les demandes du Gouvernement de Sa Majesté et la question dans son ensemble, je me vois obligé de dire que je ne puis voir en quoi vos lettres du 19 courant résolvent le sujet dont s'agit.

La question est maintenant au même point qu'elle se trouvait au 19 mars dernier, quand je vous laissai une copie de la dépêche n° 5 du 28 février dernier du Secrétaire d'État de Sa Majesté pour les Affaires Étrangères, avec cette différence désavantageuse que trois mois ont été ajoutés au long délai précédant cette date.

J'ai l'honneur d'être, etc.

R. STUART.

N° 28

RELATIONS EXTÉRIEURES

Port-au-Prince, le 1er juillet 1878.

M. LE MAJOR R. STUART,

    Ministre de Sa Majesté Britannique.

Monsieur le Ministre,

J'ai eu l'honneur de recevoir votre lettre 22 du courant, en réponse aux miennes du 19 relatives à la réclamation de Mme Maunder.

Vous m'annoncez, M. le Ministre, que Mme Maunder refusant d'accepter les conditions du règlement proposé par mon Gouvernement pour arriver à la solution de cette affaire, vous avez l'intention de transmettre à votre Gouvernement les quatre chefs de la proposition que je vous ai soumise, ainsi que la teneur du refus de Mme Maunder. Vous ajoutez : « Mais je ne pense pas qu'il me soit permis d'accepter le fond ou la partie principale de vos lettres parce qu'en agissant ainsi, j'ouvrirais à nouveau des questions déjà résolues et de la sorte, me prêterais à de nouveaux délais dans une affaire qui a été déjà complètement discutée et pour laquelle le Gouvernement de Sa Majesté Britannique réclame une solution immédiate. »

En conséquence, sur la décision de mon Gouvernement, j'ai chargé son Représentant à Londres de saisir le Gouvernement de Sa Majesté Britannique de la proposition du mien, dictée par le sentiment de la justice et de remettre au Gouvernement de Sa Majesté copies des deux lettres que j'ai eu l'honneur de vous adresser, le 19 du courant.

J'aime à espérer, M. le Ministre, que vous ne verrez dans cette disposition de mon Gouvernement que son unique désir d'arriver plus promptement à une solution parfaitement amiable en mettant votre Gouvernement au courant de toutes les considérations qui ont suggéré le règlement que je vous ai proposé, et dont quelques-unes, eu égard à la longueur de notre mémoire, peuvent vous avoir échappé.

L'esprit de justice et d'équité qui préside constamment aux actes du Gouvernement de Sa Majesté Britannique donne le ferme espoir au mien que nous arriverons ainsi, avant longtemps, à cette solution, dans une question que mon Gouvernement est si désireux de régler.

J'ai l'honneur etc,

                F. CARRIÉ.

N° 29

RELATIONS EXTÉRIEURES

Port-au-Prince, le 5 Mars 1880.

M. LE MAJOR R. STUART,

MINISTRE-RÉSIDENT DE SA MAJESTÉ BRITANNIQUE.

Monsieur le Ministre,

Dans le dernier entretien que j'ai eu l'honneur d'avoir avec vous, vous m'avez fait connaître les intentions de votre Gouvernement au sujet de l'affaire de Mme veuve Maunder.

Vous m'avez déclaré que vos instructions vous interdisaient toute discussion, et que vous étiez simplement chargé de porter à ma connaissance les conditions dans lesquelles votre Gouvernement entendait que cette affaire fût réglée. Si j'ai bien exactement compris vos paroles, ces conditions peuvent être résumées dans les trois points suivants, entre lesquels vous m'avez laissé la faculté de choisir :

1° Tentative de conciliation directe entre le Gouvernement et Mme Maunder;

2° Dépôt préalable par le Gouvernement, avec intérêts, de £ 22.000, et arbitrage international sur la question de la nationalité de Mme Maunder; avec cette condition que la somme déposée nous serait rendue si Mme Maunder était reconnue Haïtienne;

3° Dépôt préalable de £ 22.000, et arbitrage international sur le fond même du litige, avec cette condition que, dans tous les cas, et quelle que fût la sentence de l'arbitre, la somme déposée serait acquise à Mme Maunder.

Le Gouvernement ayant à prendre une décision sur cette affaire, je vous serai obligé, M. le Ministre, de vouloir bien me faire connaître si j'ai bien exactement compris les intentions de votre Gouvernement, et si ces intentions sont fidèlement reproduites dans les trois points qui précèdent.

Agréez, etc.

C. LAFORESTRIE.

N° 30

LÉGATION BRITANNIQUE

Port-au-Prince, le 5 Mars 1880.

M. CHARLES LAFORESTRIE,

SECRÉTAIRE D'ÉTAT AUX RELATIONS EXTÉRIEURES.

Monsieur le Secrétaire d'État,

Bien que j'aie ordre de ne pas continuer une correspondance sur l'affaire de Mme Maunder, je prends sur moi de répondre à votre note d'hier, en corrigeant les impressions que vous avez gardées de notre dernier entretien sur cette affaire.

1° L'idée d'un arrangement à l'amiable entre le Gouvernement et Mme Maunder est de mon intention.

2° Le Gouvernement Anglais accepte la mise en question de la nationalité de Mme Maunder à condition que le Gouvernement Haïtien dépose préalablement à la Banque de l'Angleterre la somme de £ 22,000, laquelle sera rendue au Gouvernement Haïtien, s'il ressort que Mme Maunder est Haïtienne. Si elle est Anglaise, cette même somme lui sera acquise à titre d'à compte et puis il sera procédé au règlement général de son affaire.

3° Ou si l'on reconnaît sans plus de question, la nationalité anglaise de Mme Maunder, le Gouvernement Anglais accepte l'arbitrage de l'affaire en question, à condition du paiement préalable à Mme Maunder par le Gouvernement Haïtien de £ 22,757 avec intérêts, ce qui est un des chefs de la réclamation de Mme Maunder, déjà reconnu par le Gouvernement Haïtien.

Veuillez agréer, etc.

R. STUART.

N° 31
—

RELATIONS EXTÉRIEURES

Port-au-Prince, 8 Mars 1880.

M. LE MAJOR R. STUART,
   MINISTRE DE SA MAJESTÉ BRITANNIQUE.

Monsieur le Ministre,

Vous avez bien voulu m'écrire, le 6 de ce mois, pour me faire connaître les conditions auxquelles votre Gouvernement entend régler l'affaire de Mme Maunder.

Je me suis empressé de mettre votre dépêche sous les yeux du Président de la République qui, je ne puis vous le dissimuler, a éprouvé, en en prenant connaissance, la plus pénible surprise.

Sans vouloir rouvrir la discussion sur ce point, je vous dirai tout d'abord, M. le Ministre, que le Gouvernement Haïtien n'avait fait qu'admettre le principe d'une indemnité à accorder à Mme Maunder, sans lui reconnaître de droit à aucun chiffre précis, vu que rien qu'une enquête ne pouvait le déterminer.

Je dirai même que, plus tard, le Gouvernement de S. M. Britannique ayant accepté une nouvelle discussion avec M. Charles Villevaleix, Chargé d'Affaires d'Haïti à Londres, sur la réclamation de Mme Maunder, ce principe même d'une indemnité a été remis en question. Mon Gouvernement ne sauroit comprendre que le Gouvernement de S. M. Britannique élève la prétention de soustraire à l'appréciation de nos tribunaux une question d'État civil. Nos lois ont en effet nettement tracé la marche à suivre, lorsqu'un acte de l'État civil est argué de faux ou d'irrégularités susceptibles de le faire rejeter d'un débat, et il n'appartient pas au Gouvernement de s'écarter des règles établies dans nos Codes, en soumettant à l'arbitrage international une question d'État civil.

Nous avons remis au Gouvernement de S. M. Britannique l'acte de naissance de M. Joseph Maunder. Cet acte fait foi jusqu'à inscription de faux. De simples affirmations émanant d'une personne intéressée à nier l'existence légale d'un acte, corroboré d'ailleurs par la notoriété publique, ne peuvent, en aucun cas, prévaloir contre l'authenticité de cet acte.

Profondément désireux de mettre fin à cette regrettable affaire, mon Gouvernement vous propose, néanmoins, de la soumettre, dans son ensemble, à l'arbitrage de la Cour de Cassation de France. Il prend l'engagement formel d'accepter la décision de ce grand Tribunal qui jugerait en dernier ressort et sans appel, le fond même du litige. La haute impartialité des magistrats qui composent cette Cour, et leur compétence particulière résultant de la similitude de nos lois avec les lois françaises, nous sont un sûr garant que la décision à intervenir serait de tous points conforme au droit et à la justice.

J'ai l'espoir, M. le Ministre, que cette solution vous paraîtra équitable. Il s'agit, en effet, moins de savoir si Mme Maunder est Anglaise que si sa réclamation est fondée. Nous ne comprendrions pas que le Gouvernement de S. M. Britannique témoignât lui-même si peu de confiance dans les droits de Mme Maunder qu'il crût devoir exiger de nous, avant tout examen, le paiement d'une somme aussi considérable que celle qu'il réclame.

Le Gouvernement de la République est animé du plus vif désir d'éviter tout ce qui pourrait altérer ses bonnes relations avec les nations étrangères.

Il observe et il continuera à observer toutes les règles, tous les usages que la loi internationale lui impose ; mais il est persuadé qu'il rencontrera la plus complète réciprocité, surtout de la part de la grande nation que vous représentez dans ce pays.

Agréez, etc.

CH. LAFORESTRIE.

N° 32

RELATIONS EXTÉRIEURES

Port-au-Prince, le 21 Août 1886.

M. LE MAJOR STUART,

Ministre de S. M. Britannique.

Monsieur le Ministre,

Me référant à la conversation que j'ai eu l'honneur d'avoir avec vous ces jours derniers, à propos du différend qui existe entre le Gouvernement que vous représentez et le Gouvernement Haïtien à propos de la réclamation que produit contre ce dernier Mme veuve Joseph Maunder, j'ai l'avantage de vous annoncer que, pour prouver d'une façon incontestable et qui exclut tout doute sur la question soulevée par mon Gouvernement, que ladite dame veuve Maunder n'est pas sujette anglaise et que, par conséquent, elle n'a aucun droit à la protection du Gouvernement Britannique pour le soutien de cette réclamation, nous serions désireux que votre Gouvernement voulût bien vous charger officiellement et spécialement de voir, en présence du Corps diplomatique de Port-au-Prince réuni à cette fin, et constater l'état des divers registres de l'état-civil où se trouvent inscrits tous les actes relatifs aux enfants de Frédéric Maunder et de Joséphine Busse, et qui tous attestent de la manière la plus authentique, que lesdits enfants étaient tous des enfants naturels ; en outre, collationner, au besoin sur ces registres toutes expéditions qui pourraient avoir été déjà faites de cesdits actes ou qui à l'avenir pourront en être tirées.

Le Gouvernement Haïtien n'a pas cru devoir adhérer à la proposition, qu'officieusement vous m'avez faite, d'expédier ces registres, que vous avez vus vous-mêmes de vos propres yeux, jusqu'en Angleterre même, portés par quelqu'un de confiance, pour être produits à l'examen du Foreign Office, parce que, non seulement ce déplacement serait contraire à la loi, mais encore dans le cas d'un naufrage, dont personne ne peut prévoir les graves conséquences, ce ne seraient pas seulement les preuves de l'état-civil de certains membres de la famille Maunder qui seraient anéanties, sans pouvoir peut-être jamais être rétablies, mais aussi celles de tous ceux qui ont été inscrits sur ces registres, danger imminent dont nous ne saurions accepter même éventuellement la lourde et redoutable responsabilité.

Cependant, consulté sur l'ouverture que vous m'avez faite de faire prendre par le Gouvernement à sa charge les frais d'une expertise que probablement voudrait faire le Gouvernement Anglais des registres dont il est question, par des personnes choisies et envoyées ou d'Angleterre ou de Kingston, et qui agiraient de concert avec des experts que désignerait le Gouvernement Haïtien, le Conseil des Secrétaires d'État, sous la présidence du Président de la République, a résolu, pour faciliter cette expertise, de prendre au compte du Gouvernement d'Haïti les frais que cela peut coûter, lesquels vous déclarez ne pas devoir aller au delà d'un millier de piastres.

J'espère, M. le Ministre, que cette manière de faire sera approuvée de votre Gouvernement et qu'il y verra une nouvelle preuve de notre loyauté et du ferme et ardent désir que nous avons de voir régler ce litige pendant entre lui et nous depuis si longtemps, selon les règles de la justice et de l'équité.

Veuillez, M. le Ministre, en attendant la décision de votre Gouvernement sur ce point important, agréer, etc.

C. Archin.

N° 33

Port-au-Prince, le 8 février 1881.

MADAME Vᵉ Jɴ. MAUNDER, Port-au-Prince.

Madame,

En vue d'éclaircir certains points de la discussion élevée entre eux par le fait de votre réclamation touchant la concession à vous faite de l'Ile de la Tortue, et pour leur propre satisfaction, les deux Gouvernements d'Angleterre et d'Haïti, dont nous sommes les représentants autorisés, ont résolu de vous inviter à vous rendre à la Trésorerie générale où ont été expressément déposés les registres de l'état-civil où sont inscrits les actes relatifs à la famille Maunder, afin de faire en ce lieu, en notre présence à tous, la constatation matérielle de l'existence desdits registres.

Veuillez, Madame, nous faire connaître les jour et heure auxquels il vous plaira vous rendre à notre invitation.

En attendant votre réponse, agréez, etc.

Le Secrétaire d'État de la Justice, de l'Instruction publique et des Cultes, chargé par intérim des Relations Extérieures.

Archin.

Le Ministre-Résident d'Angleterre à Haïti.

R. Stuart.

Nº 34

Port-au-Prince, le 8 février 1881.

M. WILLIAM. M. MAUNDER, EN VILLE.

Monsieur,

En vue d'éclaircir certains points de la discussion élevée entre eux par le fait de la réclamation de votre belle-sœur, Mme veuve Joseph Maunder, touchant sa concession de l'Ile de la Tortue, et pour leur propre satisfaction, les deux Gouvernements d'Angleterre et d'Haïti, dont nous sommes les représentants autorisés, ont résolu de vous inviter, ainsi que cette honorable dame, à vous rendre à la Trésorerie générale où ont été expressément déposés les registres de l'état-civil où sont inscrits les actes relatifs à la famille Maunder, afin d'y faire en ce lieu et en notre présence à tous, la constatation matérielle de l'existence desdits registres.

Veuillez, Monsieur, vous entendre avec madame votre belle-sœur, pour nous faire connaître les jour et heure auxquels il vous plaira vous rendre tous les deux à notre invitation.

En attendant votre réponse veuillez, Monsieur, agréer, etc.

Le Secrétaire d'État de la Justice, de l'Instruction Publique et des Cultes, chargé par intérim des Relations Extérieures.

C. ARCHIN.

Le Ministre-Résident d'Angleterre en Haïti.

R. STUART.

Nº 35
—

TRADUCTION.
—

LÉGATION BRITANNIQUE.

Port-au-Prince, le 9 février 1881.

M. C. ARCHIN.

SECRÉTAIRE D'ÉTAT AUX RELATIONS EXTÉRIEURES.

J'ai l'honneur d'accuser réception de votre dépêche en date d'hier, laquelle accompagnait des lettres qui devaient être expédiées par vous, après avoir apposé ma signature, à Mme veuve Maunder et à M. W. Maunder pour les inviter à assister ensemble à la Trésorerie générale pour prendre connaissance des registres qui existent de l'état-civil et qui contiennent des inscriptions relatives à la famille Maunder.

J'ai eu l'honneur de vous remettre hier soir les primatas de ces lettres qui portent ma signature ; je vous remets aussi les duplicatas signés aussi de moi, en retenant les copies.

Veuillez me notifier le plus tôt possible le jour que Mme Maunder et son beau-frère auraient fixé pour se rendre au Trésor.

J'ai l'honneur d'être, etc.

R. STUART.

N° 36
—

Port-au-Prince, le 9 février 1881.

MM. C. ARCHIN, Secrétaire d'État par intérim des Relations extérieures, et le MAJOR R. STUART, Ministre-Résident de S. M. Britannique en Haïti,

Messieurs,

J'ai l'honneur d'accuser réception de la lettre collective que vous avez bien voulu m'adresser le 8 courant, par laquelle vous nous invitez, ma belle-sœur, Mme Ve Joseph Maunder et moi, à fixer le jour et l'heure qu'il nous plaira pour nous rendre à la Trésorerie générale, afin qu'il soit fait à tous, la constatation matérielle des registres de l'état-civil contenant les actes relatifs à la famille Maunder, en vue d'éclaircir certains points de la discussion élevée entre les deux gouvernements que vous représentez, par le fait de la réclamation de Mme Maunder touchant sa concession de l'Ile de la Tortue.

Suivant votre invitation, Messieurs, je me suis empressé de m'entendre avec Mme veuve Maunder, et nous avons fixé lundi le 14 courant à 3 heures de l'après-midi, pour nous rendre à la Trésorerie générale, si, toutefois, ce jour et l'heure vous conviennent.

Veuillez agréer, Messieurs, l'expression de ma très haute considération.

W. M. MAUNDER.

N° 37

Port-au-Prince, ce 10 février 1881.

M. C. ARCHIN,

Secrétaire d'État de la Justice, chargé des Relations extérieures.

Monsieur le Secrétaire d'État,

J'ai bien reçu la lettre que vous m'avez adressée collectivement avec le major Stuart, ministre de S. M. Britannique à Haïti, le 8 de ce mois, pour m'inviter tous deux à me rendre à la Trésorerie générale afin, me dites-vous, de faire en votre présence à tous la constatation matérielle des registres de l'état-civil où sont inscrits les actes relatifs à la famille Maunder.

Quoique je ne comprenne pas bien le but de cette réunion et son résultat, j'accepte avec plaisir l'invitation qui m'est faite, de venir constater ces registres.

J'aime à croire, Monsieur le Secrétaire d'État, que parmi ces registres se trouveront quelques registres que je connais déjà, concernant la famille Maunder, et que j'ai eu occasion de vérifier ; notamment : le registre des naissances de Port-au-Prince de 1823, produit par le gouvernement du général Boisrond-Canal en novembre 1878, et d'où il a tiré l'acte de naissance de Jean-Joseph William, présenté par lui au Gouvernement Anglais comme l'acte de naissance de feu M. Joseph Maunder ; le registre des actes de naissances de Port-au-Prince, pour l'année 1823, présenté au Ministre d'Angleterre, Major R. Stuart, aux archives mêmes par le directeur des archives, le 18 février 1880 et vérifié par ce Ministre en présence de mon fils aîné James Maunder ; les deux registres identiques de mariages de la commune de Port-au-Prince pour l'année 1852, où se trouve mon acte de mariage avec feu M. Joseph Maunder, le registre de décès de Port-au-Prince, pour l'année 1868.

Soyez assez bon, Monsieur le Secrétaire d'État, pour vous assurer que les registres cités plus haut font partie de cette collection et dans le cas contraire, je vous prierai de les faire déposer à la Trésorerie.

Je vous exprime aussi le désir que les honorables doyens du tribunal de cassation et du tribunal civil de Port-au-Prince soient aussi présents à cette réunion et que procès-verbal soit pris de cette séance.

Cette fin de semaine étant jour du courrier d'Europe et de la poste des provinces, tant pour vous que pour nous, j'ai fixé lundi 14 courant à trois heures de l'après-midi pour me rendre à la Trésorerie générale.

Veuillez me faire savoir si ce jour vous convient.

Je saisis cette occasion. Monsieur le Secrétaire d'État, pour vous offrir les assurances de ma très haute considération.

CÉLIE MAUNDER.

N° 38

TRADUCTION.

LÉGATION BRITANNIQUE

Port-au-Prince, 18 février 1881

M. C. ARCHIN,
Secrétaire d'État aux Relations extérieures.

Monsieur le Secrétaire d'État.

Me référant à la conversation dont vous m'avez favorisé ce matin, j'ai maintenant l'honneur de vous transmettre une copie qui a fait le sujet de notre conversation.

En soumettant ce document à l'examen de votre Gouvernement, je voudrais ainsi promptement solliciter la faveur d'être informé, aussitôt que possible, des vues et de l'opinion auxquelles il peut finalement arriver à ce sujet ainsi que de tous les détails que vous pouvez juger bon d'ajouter.

J'ai l'honneur d'être, etc.

R. STUART.

N° 39

TRADUCTION.

MEMORANDUM

Dimanche 11 avril 1880. — M. Anacréon Bouchereau, beau-frère de M. Félix Carrié, ex-Ministre des Affaires étrangères, est venu ce matin chez Mme Maunder et lui a dit qu'il avait été chargé par quelqu'un de lui faire savoir que ledit individu détenait en sa possession le registre des naissances pour l'année 1823 (le même registre produit précédemment par le Gouvernement Haïtien et que l'on disait avoir été détruit et avoir disparu) lequel registre contenait le certificat de naissance de feu Joseph Maunder; qu'il tenait le registre à sa disposition et était disposé soit à le lui livrer, soit à le détruire, selon son désir ; Mme Maunder demanda à M. Bouchereau le nom dudit individu, à quoi il répondit : « M. Aimé, gardien des Archives ».

Mme Maunder alors informa M. A. Bouchereau qu'elle était heureuse que le registre avait été trouvé, qu'elle s'opposait à ce qu'il lui fût livré, et désirait qu'il restât aux Archives pour être montré à qui de droit quand la demande en serait faite.

M. A. Bouchereau représenta qu'il était dans ses intérêts que le registre fût détruit ; Mme Maunder refusa et dit qu'elle enverrait vérifier le registre aux Archives, mais ne voulait.

sous aucun prétexte, le faire transporter dans sa maison ou avoir quoi que ce soit à faire avec lui, excepté le faire vérifier aux Archives.

Lundi 12 avril. — Ma mère, Mme Maunder, m'envoya aux Archives où je vis M. Aimé, le gardien, et lui demandai au nom de ma mère, Mme Maunder, s'il avait chargé aucune personne d'une mission relative au registre des naissances de 1823, à quoi il répliqua que non. Je lui demandai alors s'il connaissait M. Anacréon Bouchereau ; il répliqua que environ deux ans et quelques mois auparavant, M. A. Bouchereau était venu près de lui au nom de M. Félix Carrié, alors Ministre des Affaires étrangères, et l'avait prié de rechercher ledit registre de naissances de 1823, en déclarant qu'il était de la dernière importance pour les intérêts de la famille Maunder que ce registre fût trouvé ; qu'en conséquence il l'avait cherché et ne l'avait point trouvé. Je lui demandai alors s'il avait ce registre de naissances de 1823 qu'on disait avoir été détruit et avoir disparu. Il répondit qu'il ne l'avait pas, mais que sous le Gouvernement provisoire du général Lamothe, après le départ du général Boisrond-Canal, il avait trouvé au Palais environ une douzaine de feuilles dudit Registre, lesquelles feuilles ne contenaient pas l'acte de naissance de Jean-Joseph-William, mais que deux mois auparavant, un domestique du Palais l'avait prévenu qu'il y avait un vieux fragment de registre qui traînait au Palais. Il n'avait pas encore été chercher ce fragment de registre, mais était certain que ce devait être le registre de naissances de 1823, et qu'il devait contenir l'acte de naissance de Jean-Joseph-William. (Il est nécessaire de remarquer que le Palais est en face des Archives de l'autre côté de la rue.)

Ma mère, Mme Maunder, alors m'envoya près de M. A. Bouchereau. En me dirigeant vers sa maison, je le rencontrai dans la rue, et l'informai de mes démarches et de la réponse de M. Aimé. Il me répondit qu'il se dirigeait vers les Archives pour conférer avec M. Aimé, et que sans doute celui-ci m'avait donné cette réponse, parce qu'il avait peur de se compromettre, et qu'il ne voulait pas se fier à moi ; il me pria de venir chez lui dans la soirée.

Je vins en conséquence chez M. Bouchereau ce soir et il m'informa que M. Aimé ne voulait point dire ses raisons pour me cacher le registre ; mais que le registre était toujours à la disposition de Mme Maunder.

Il déclara en outre qu'il passerait chez Mme Maunder le lendemain matin.

Mardi 13 avril. — M. A. Bouchereau passa chez Mme Maunder à 11 heures du matin et l'informa que M. Aimé produirait le registre aux Archives à 3 heures de l'après-midi, si elle voulait y aller le voir, ou bien le lui enverrait, ou bien le détruirait, selon son désir. Mme Maunder protesta de nouveau contre la destruction du registre et aussi contre son envoi chez elle, et dit à M. Bouchereau qu'elle irait aux Archives, pour le vérifier.

Ma mère, Mme Maunder, en conséquence m'envoya aux Archives à 3 heures de l'après-midi. En me voyant, M. Aimé s'excusa, disant qu'il n'avait pas su que j'étais le fils de Mme Maunder et que j'étais M. Maunder, mais que maintenant il n'avait aucune objection à me montrer le registre. (J'observerai que j'avais vu M. Aimé et conféré avec lui au nom de ma mère, Mme Maunder, au moins dix fois avant cette date et qu'il me connaissait parfaitement bien.) Il produisit alors ledit registre, lequel était enveloppé dans une feuille de papier bleu attachée avec une ficelle. Après avoir soigneusement et minutieusement examiné ce registre, je constatai les faits suivants : que le registre ou plutôt une *portion* du registre à moi présenté, était évidemment le même que celui produit par le Gouvernement Haïtien du président Boisrond-Canal en 1878.

Je dis une *portion*, parce que le registre, au lieu d'être en *trois* portions distinctes cousues ensemble par une ficelle comme précédemment, est maintenant en *deux* portions distinctes seulement, à l'exception de quelques feuilles qui ont été arrachées au commencement et qui sont à part. De ces deux portions maintenant existantes, l'une a été ajoutée, qui n'existait pas quand le registre a été produit d'abord en 1878. Cette portion est un index très minutieux et étendu qui est évidemment en désaccord avec le registre lui-même puisqu'il ne contient pas le nom Jean-Joseph-William ou le numéro de la page de ladite insertion. J'ajouterai qu'aucune insertion de naissance quelle qu'elle soit, dans ce registre, ne porte son numéro en marge comme c'est le cas pour le registre *authentique* montré au major R. Stuart aux Archives, le 18 février dernier.

Quand je demandai au gardien des Archives comment il se faisait que le nom Jean-Joseph-William ne se trouvait pas dans l'index, il répondit froidement que l'officier de l'état-civil de l'époque devait avoir commis une erreur et l'avait omis.

La page portant l'insertion de naissance de Jean-Joseph-William est selon toute apparence la même, mais le mot « vingt et un » portant le grattage des lettres « gt et un » semble avoir été falsifié; parce que les lettres « gt et un » ne paraissent pas être aussi serrées et droites qu'elles l'étaient précédemment et ne sont pas aussi noires qu'auparavant, bien qu'elles soient toujours d'une écriture différente et que l'encre employée est plus noire et plus fraîche que le reste, et que le grattage soit évident. En y regardant de près, les lettres du mot original gratté sont visibles, parmi lesquelles (la dernière) est un x.

En regardant de près le grattage, j'observai que la portion du papier sur laquelle les lettres « gt et un » sont écrites présente un brillant ou un poli particulier, comme si quelque substance avait été frottée sur les lettres. Ce brillant ou poli n'existe sur aucune autre partie du papier portant l'insertion de naissance de Jean-Joseph-William.

Les ravages de la vermine semblent avoir considérablement augmenté depuis que ce registre a été d'abord produit, les bords des pages à travers toute l'épaisseur de la portion contenant ladite insertion de naissance (qui est épaisse d'environ 1 pouce 1/2) étant coupés du haut en bas en différentes places sur une étendue bien plus grande qu'auparavant. Ces coupes présentent toutes sortes de formes déchiquetées; néanmoins chaque feuille séparée s'ajuste à la suivante dans l'ordre le plus égal, comme si elle avait été coupée avec un instrument tranchant.

J'observerai que dans tout le registre, il n'y a pas une seule feuille qui porte de petits trous circulaires de vers, soit au centre, soit sur une partie quelconque de leur surface. Il est nécessaire de constater ici que le registre authentique de naissances de 1823 montré aux Archives au major Stuart était en bon état de conservation et ne portait aucune trace de morsures de vermine.

Je n'ai remarqué aucune autre altération que celles ci-dessus signalées.

Après avoir noté ces faits, je demandai à M. Aimé, gardien des Archives, depuis combien de temps ledit registre avait été en sa possession. Il répondit : « Je l'ai eu en ma possession depuis le commencement de février, environ deux mois ou à peu près. » (J'observerai que quand le major Stuart vint aux Archives le 18 février dernier, M. Aimé lui déclara qu'il ne possédait d'autre registre que le registre authentique qu'il lui montra ce jour-là).

Je demandai alors au gardien des Archives quels étaient ses motifs pour cacher ce registre et ne pas le produire, quand requis de le faire, et pour nier son existence. A quoi il répondit de la manière la plus évasive et la plus embarrassée et finalement dit qu'il ne savait pas que j'étais une partie intéressée et que j'étais intéressé dans la découverte du registre, autrement il me l'aurait déjà montré.

Je lui demandai alors où il avait trouvé le registre, à quoi il répondit : « dans le grenier du Palais ». Je lui demandai aussi si c'était depuis que le Président Salomon occupait le Palais; il répondit « oui ».

Alors je me retirai en disant au gardien des Archives que je rapporterais à ma mère, Mme Maunder ce que j'avais vu.

Port-au-Prince, 13 avril 1880.

J.-B.-W. MAUNDER.

Pour copie conforme : R. STUART.

18 février 1881.

N° 40

RELATIONS EXTÉRIEURES

Port-au-Prince, 23 février 1881.

M. LE MAJOR STUART,

Ministre de S. M. Britannique.

Monsieur le Ministre,

Selon le désir que vous m'en avez manifesté, j'ai l'honneur de vous remettre sous ce couvert une expédition en due forme du procès-verbal de constatation que nous avons dressé contradictoirement de l'état des registres de l'état-civil où sont inscrits les actes relatifs à la famille Maunder, en présence de M. William Morgan Maunder et de la dame Célie Faubert, veuve Joseph Maunder.

Veuillez, je vous prie, m'en accuser réception et agréer, etc.

Le Secrétaire d'État intérimaire des Relations Extérieures,

C. Archin.

N° 41

LIBERTÉ — ÉGALITÉ — FRATERNITÉ

RÉPUBLIQUE D'HAITI

PROCÈS-VERBAL

Aujourd'hui, le quatorzième jour du mois de Février mil huit-cent-quatre-vingt-un, an 78 de l'Indépendance, à quatre heures de relevée ;

Se sont présentés au local de la Trésorerie générale de la République et en vertu d'une convention mutuelle prise entre les deux Gouvernements d'Angleterre et d'Haïti, par l'intermédiaire de leurs représentants respectifs : 1° M. C. Archin, Secrétaire d'État de la Justice, de l'Instruction publique et des Cultes, chargé par intérim du portefeuille des Relations Extérieures ; 2° Major R. Stuart, Ministre-Résident de S. M. Britannique en Haïti, à l'effet de constater l'existence matérielle des registres de l'état-civil où sont inscrits, en Haïti, les actes relatifs à la famille Maunder ; à laquelle opération ont été invités à se trouver et se sont en effet trouvés la dame Célie Faubert, veuve Joseph Maunder, et le sieur William Morgan Maunder, tous deux résidant et demeurant à Port-au-Prince, conformément à la dépêche adressée à chacun d'eux collectivement par M. le Secrétaire d'État intérimaire des Relations Extérieures de la République d'Haïti et M. le Ministre Résident de S. M. Britannique, près le Gouvernement de ladite République, sous la date du huit du courant, suivie de leur acceptation donnée par lettre du dix du courant, pour ces jour et heure.

Sur la demande faite par Monsieur le Secrétaire d'État intérimaire des Relations Extérieures sus-nommé et désigné à M. Jean-Joseph Audain, Trésorier général de ladite République, constitué par son Gouvernement archiviste spécial et par intérim des susdits registres, il a été, par ce dernier, donné ouverture en notre présence, à un petit coffre fermant à clef, d'où il a été tiré et placé sous les yeux des personnes ci-dessus indiquées, trois registres de l'état-civil des années mil huit cent vingt-trois, mil huit cent trente-cinq et mil huit cent cinquante-deux, où sont inscrits, savoir : sur le premier et à la date du dix-huit avril, un acte de naissance au nom de *Jean-Joseph William, né en cette ville, le vingt-trois juillet, mil huit cent vingt et un, fils naturel de la citoyenne Joséphine Busse, domiciliée en cette ville, sur la déclaration du sieur Frédérick Maunder, négociant en cette ville, lequel se reconnaît être le père naturel dudit enfant, ce qui a été confirmé à l'instant par l'aveu de la mère présente, et sur l'attestation du citoyen Jean-Joseph Monosier et la citoyenne Cécile Datis, témoins, ses parrain et marraine, domiciliés en cette ville,* acte signé : F. Maunder, Joséphine Busse, Monosier et Jérôme Coustard, officier civil; sur le second, un acte de naissance au nom de *William Morgan, né en cette ville (Pétion-Ville), le vingt-trois juillet dernier, à dix heures du soir, fils naturel de la citoyenne Joséphine Busse, demeurant en cette ville sur la déclaration du citoyen Frédérick Maunder, négociant au Port-au-Prince qui a déclaré être le père naturel; ce qui a été confirmé par l'aveu de la mère présente, en présence des citoyens Pierre Regnier, commandant de la place de cette commune, et Samuel Maunder, frère et parrain de l'enfant, la marraine, la citoyenne Joséphine Pierre, demeurant au Port-au-Prince,* acte signé : Maunder, Joséphine Busse, Samuel Maunder, Regnier et A. Baptiste, officier de l'état-civil; et sur le troisième acte de *mariage en date du vingt-sept septembre mil huit cent cinquante deux, dressé par Jean-Joseph Rivière, Membre du Conseil des Notables de la paroisse de Port-au-Prince, remplissant les fonctions de l'officier de l'état-civil, constatant la célébration par lui faite du mariage entre M. Joseph Maunder, natif de Port-au-Prince, âgé de trente trois ans, consul de Sa Majesté, à Liverpool, demeurant en cette ville, fils de feu Frédérick Maunder et de la dame Joséphine Busse, propriétaire domiciliée dans cette ville, laquelle consent au présent d'une part, et Mademoiselle Françoise-Marie-Antoinette-Célie de Faubert, native du Port-au-Prince, âgée de vingt-et-un an, Chevalière de la Chapelle de Leurs Majestés, fille légitime de Monsieur Pierre Faubert et de Madame Marie-Joséphine Laroque, marquise de Rocheblanche, tous propriétaires domiciliés en cette ville, consentant au présent d'autre part.* — Acte signé : Joseph Maunder, Célie de Faubert, Samuel Maunder, M. J. de Faubert, née Laraque, F. Faubert, Claire de Faubert, Béchette Faubert, Joséphine Maunder, Pros-Elie, L. Dufresne, Jean J. Rivière.

Cette constatation faite, Madame veuve Joseph Maunder, a déclaré sur l'honneur et devant Dieu, en présence du Ministre de S. M. Britannique et de Monsieur le Ministre de la Justice, chargé des Relations Extérieures, que, dans sa conviction profonde, l'acte de naissance de Jean-Joseph William, inscrit dans ce registre de mil huit cent vingt-trois et né, d'après le registre, le vingt-trois juillet mil huit cent vingt-et-un, que cet acte de naissance n'était pas l'acte de naissance de Joseph Maunder, son feu mari, qu'elle en avait les preuves qu'elle produirait en temps voulu; que, par cette déclaration elle ne prétendait pas inculper ni le Gouvernement actuel ni aucun des membres de ce Gouvernement ou des hauts fonctionnaires employés par ce Gouvernement, ni même tous les membres du Gouvernement du général Boisrond-Canal, Gouvernement qui avait présenté au Gouvernement Anglais, par le Ministre des Relations extérieures d'alors, cet acte de naissance de Jean-Joseph-William, qui n'était pas l'acte de naissance de Monsieur Joseph Maunder, son feu mari.

Madame Maunder a aussi déclaré que, dans les autres registres qui ont été présentés, ne s'est pas trouvé un autre registre de mil huit cent vingt-trois de l'état-civil du Port-au-Prince, registre que le Directeur des Archives avait présenté au Major R. Stuart, Ministre d'Angleterre le dix-huit février mil huit cent quatre-vingt, comme registre authentique de la Commune de Port-au-Prince et dans lequel l'acte de naissance de Jean-Joseph William, dit être fils de Frédérick Maunder, n'était pas inscrit, ni même qu'il n'y avait aucune entrée de naissance dans ce registre, à la date du dix-huit avril mil huit cent vingt-trois, qu'elle avait une attestation du Directeur des archives, à ce sujet, dont copie avait été donnée au Major Stuart, qui lui-même avait examiné ce registre. Qu'il ne se trouvait pas non plus dans les registres présentés, le registre des décès de Port-au-Prince, pour l'année mil huit cent soixante-huit, où se trouvait inscrit l'acte de décès de Monsieur Joseph Maunder, dont on lui avait donné une expédition le dix-sept décembre mil-huit-cent-soixante-dix-huit. Ces deux registres, elle avait demandé à Monsieur le Major Stuart, Ministre d'Angleterre, et Monsieur C. Archin, Ministre intérimaire des Relations Extérieures, dans la lettre qu'elle leur écrivit le dix février mil huit cent quatre-vingt-et-un, en réponse à l'invitation collective qu'elle avait reçue de ces Ministres de venir constater les registres concernant la famille Maunder, elle avait demandé que ces deux registres fissent aussi partie de la collection qui devait être constatée.

Madame Maunder a également déclaré qu'elle a constaté les registres qui lui ont été présentés, que le seul parmi ces registres de naissances qui la concernait était celui contenant l'acte de naissance de Jean-Joseph William, produit comme acte de naissance de feu Joseph Maunder, et qu'ayant déclaré que cet acte de naissance n'était pas celui de Monsieur Joseph Maunder, cedit registre n'étant pas exact, elle n'acceptait pas l'autre. Requise de signer, elle l'a fait dans cet endroit.

(Signé) Célie MAUNDER.

Contre laquelle déclaration, Monsieur C. Archin, ès qualités qu'il agit, fait toutes réserves de fait et de droit, au nom de son Gouvernement et de son Pays, en faisant toutefois observer, que si, dans la constatation qui vient d'avoir lieu, le registre de décès de l'année mil huit cent soixante-huit où, dit la veuve Maunder, se trouve inscrit l'acte de décès de feu son époux n'a pas été produit, c'est que le Gouvernement Haïtien n'a pas trouvé la chose nécessaire, attendu qu'il n'est pas prétendu que Joseph Maunder ne soit pas mort, qu'au besoin l'expédition de cet acte de décès et du registre qui le porte, seront le cas échéant, et s'il en était réquis, être remis sous les yeux de qui de droit ; que, si le registre de mil huit cent trente-cinq où se trouve inscrit l'acte de naissance de William Morgan a été produit, ce n'a été de la part du Gouvernement Haïtien que pour démontrer le caractère de la filiation des enfants nés en Haïti, de Frédéric Maunder et de Joséphine Busse, un des points de la contestation existant entre le Gouvernement haïtien et le Gouvernement anglais, à propos de la réclamation de Madame Veuve Joseph Maunder; que, en ce qui touche le registre de mil huit cent vingt-trois qui vient d'être produit et examiné, et sur lequel est inscrit l'acte de naissance de Jean-Joseph William, contesté par la veuve Joseph Maunder, comme n'étant pas l'acte de naissance de son feu époux, il y a à remarquer que d'après les lois d'Haïti, les actes de l'état-civil, soit pour les naissances, soit pour les reconnaissances, soit pour les mariages, soit pour les divorces, soit pour les décès, sont inscrits sur des registres doubles, dont l'un a la fin de chaque année est envoyé aux Archives Centrales de la République, à Port-au-Prince, et l'autre reste dans la commune à laquelle ces registres sont destinés. Qu'il est donc de toute impossibilité qu'il ait pu y avoir au dépôt central où la veuve Maunder prétend s'être rendue par elle-même, soit par son fils accompagné du Ministre d'Angleterre, en Haïti, les deux registres de naissance de l'année mil huit cent vingt-trois, quand d'après les lois, il ne pourrait y en exister qu'un seul, qui est celui présenté aujourd'hui et que n'ignore pas Mme Maunder à qui le soussigné a eu l'occasion de le présenter déjà à son domicile privé, sous le Gouvernement du général Boisrond-Canal; qu'il y a là assurément une erreur manifeste; que, en ce qui touche l'assistance qu'aurait faite à cette vérification privée et isolée le Ministre d'Angleterre en Haïti, d'après le dire de Mme veuve Maunder, laquelle n'aurait abouti qu'à la vérification d'un tout autre registre de mil huit cent vingt-trois que celui actuellement présenté et dans lequel il ne se trouverait inscrit aucun acte du nom de Maunder, le Gouvernement Haïtien la récuse formellement, cette assistance, comme inopérante et incapable de produire aucun effet à son égard, attendu que cela a eu lieu sans le concours ou le consentement préalable du Gouvernement Haïtien, un des principaux intéressés dans la question ou sans au moins un avis préalable, donné par le Représentant de Sa Majesté Britannique. Requis de signer, Monsieur C. Archin, ès-qualités, l'a fait en cet endroit.

(Signé) : C. ARCHIN.

De tout quoi avons dressé le présent procès-verbal qui a été clos à sept heures du soir, et que toutes les personnes présentes ont signé après lecture à elles faite ainsi que par M. T. Mirambeau, chef de Bureau des Relations Extérieures qui a tenu la plume dans cette circonstance. Huit mots rayés nuls, seize bons renvois en marge dans l'original.

(Signé) : Célie MAUNDER.

W. M. MAUNDER.

Signe en faisant toutes mes réserves pour ce que j'aurai à dire au sujet des actes qui ont été présentés aujourd'hui.

(Signé) : W. M. MAUNDER.

(Signé) : C. ARCHIN. R. STUART.

Le Trésorier général, archiviste spécial, commis à cet effet,

(Signé) : J.-J. AUDAIN.

Le Chef de Bureau des Relations Extérieures.

(Signé) : T. MIRAMBEAU.

N° 42

RELATIONS EXTÉRIEURES

Port-au-Prince, le 23 février 1881.

M. LE MAJOR R. STUART,

MINISTRE DE S. M. BRITANNIQUE.

Monsieur le Ministre,

J'ai l'honneur de vous accuser réception de votre dépêche en date du 18 courant, sous le couvert de laquelle j'ai retiré la copie du document que vous a adressé le treize avril de l'année expirée M. J.-B. W. Maunder et que vous n'avez cru devoir me communiquer que le jour où nous en avons causé et qui est celui même où vous m'avez écrit.

Je soumettrai cette pièce à mon Gouvernement et je vous ferai connaître ultérieurement ce qu'il aura résolu à cet égard.

Dans cette attente, je vous prie d'agréer, etc.

C. ARCHIN.

N° **43**

RELATIONS EXTÉRIEURES

Port-au-Prince, le 1er mars 1881.

M. LE MAJOR R. STUART,
MINISTRE DE S. M. BRITANNIQUE.

Monsieur le Ministre,

J'ai communiqué à mon Gouvernement la copie du document que vous a adressé le dix-huit avril dernier, M. J.-B.-W. Maunder, le fils de Mme veuve Joseph Maunder, et que vous m'avez envoyée sous le couvert de votre dépêche du 18 février dernier, à la suite de la conversation que nous avons eue le même jour à ce sujet.

Comme l'affaire à laquelle se rapporte ce mémorandum est aujourd'hui entre les deux Gouvernements d'Angleterre et d'Haïti, et que par les singulières allégations qui s'y trouvent énoncées, cette pièce qui est purement confidentielle pour vous, Monsieur le Ministre, tend à diminuer ou à altérer la foi due à un acte authentique et cru jusqu'à inscription de faux, produit par mon Gouvernement dans la contestation existant entre lui et le Gouvernement de la Grande-Bretagne, le Gouvernement de la République a résolu d'attendre que celui de S. M. Britannique veuille bien lui faire connaître si oui ou non, il endosse la responsabilité de ce qui se trouve allégué ou affirmé dans cet exposé et s'il en soutient et adopte les idées, pour savoir à quel parti s'arrêter à cet égard.

Dans cette attente, je vous prie, Monsieur le Ministre, de vouloir bien agréer etc.

Le Secrétaire d'État des Relations Extérieures, par intérim.

C. ARCHIN.

N° **44**

RELATIONS EXTÉRIEURES

Port-au-Prince, le 1er mars 1881.

M. LE MAJOR R. STUART,
MINISTRE DE S. M. BRITANNIQUE.

Monsieur le Ministre,

J'ai l'honneur de vous remettre sous ce couvert une copie photographiée de chacun des actes de l'état-civil relatifs à la famille Maunder, qui ont

fait l'objet de la constatation matérielle que, vous et moi, nous avons contradictoirement faite à la Trésorerie générale, le quatorze du courant.
des registres qui les contiennent, en présence de Mme Célie Faubert, veuve
Joseph Maunder, et de M. William Morgan Maunder, dûment convoqués
par nous tous deux à cette fin. J'y joins aussi une copie photographiée
de la partie de la table dressée à la suite du registre de l'année mil huit
cent vingt-trois où se trouve inscrit l'acte de naissance de Jean-Joseph-
William et dans laquelle figure le nom de ce dernier à la date correspon-
dante portée dans ledit registre pour la rédaction du même acte de naissance.

Ces photographies, qui sont de véritables fac-similés des actes dont il
s'agit, puisqu'elles ont été prises sur les minutes mêmes d'icœux, sup-
priment à mon avis les difficultés de tous genres qu'il y avait à faire
transporter jusqu'en Angleterre les registres sur lesquels ils sont inscrits,
ainsi que vous m'en avez plus d'une fois exprimé le désir.

Je ne doute pas, Monsieur le Ministre, qu'après les avoir examinées
attentivement et s'être rappelé toutes les considérations légales dans lesquelles mon Gouvernement, est entré à ce sujet, soit par son Chargé
d'Affaires à Londres, soit par moi-même ou par la plupart de mes honorables prédécesseurs à la Secrétairerie d'État des Relations Extérieures, le
Gouvernement Britannique hésite un seul instant à reconnaître le droit
évident du Gouvernement de la République à soutenir que Mme veuve
J. Maunder est plutôt Haïtienne qu'Anglaise et que conséquemment, il se
décide à ne plus continuer à cette dame la haute et puissante protection
que jusqu'ici il lui a accordée, sous l'empire d'une erreur incontestablement établie maintenant.

Dans cette attente, j'ai l'honneur, Monsieur le Ministre, de vous renouveler, etc.

Le Secrétaire d'État des Relations Extérieures par intérim.

C. ARCHIN.

FAC-SIMILE

Du dix huitième Jour du mois d'avril mil huit cens vingt trois, vingtième année de l'indépendance d'Haïti.

Acte de naissance de Jean Joseph William né en cette ville le vingt trois Juillet mil huit cent vingt et un, fils naturel de la Citoyenne Joséphine Busse, domiciliée en cette ville. L'enfant Représenté a été reconnu être du sexe masculin, le présent a été rédigé par moi officier de l'état civil en cette ville, Sur la déclaration du Sieur Frédéric Maunder négociant Étranger en cette ville, lequel déclare Se reconnaître être le père naturel dudit enfant ce qui m'a été Confirmé à l'instant par la veue de la mère ici présente, et Sur l'attestation du dit Citoyen Jean Joseph ... et la Citoyenne Cécile ... dudit enfant Ses parrain et marraine domiciliés en Cette ville. dont acte que nous avons Signé avec les parties excepté la Marraine qui a déclaré ne le Savoir

Monsieur   F. Maunder   J. Coustard
officier civil
Joséphine Busse

Aujourd'hui, Premier jour, du mois d'Octobre, mil huit cent trente cinq, ou trente deuxième année de l'Indépendance D'Haïti

Acte de Naissance de William Morgan, né en cette ville le vingt trois Juillet dernier, à dix heures du soir, fils naturel de la Citoyenne Joséphine Busse, demeurante en cette ville, l'enfant présenté a été reconnu être de sexe Masculin, & présent acp rédigé par nous Alphonse Baptiste, officier de l'état civil de la commune de ... Sur la déclaration du Sieur Frédéric Maunder, Négociant autorisé au pieux qui a déclaré être le père naturel, ce qui nous a été confirmé par la vue de la mère ici présente, en présence des citoyens Pierre Régnier commandant de la place de cette commune et Samuel Maunder Français parrain dit l'enfant, la marraine la citoyenne Joséphine Pierre, demeurant ... Port au Prince ... après lecture faite suivant la loi, ont signé avec nous ... la mère et la marraine

Maunder
Joséphine Busse

Dates	Noms des naissans			Noms des Pères et mères	Feuillet
15	Jean Jacques	f.	n.	d'Alexandre et de Justine	82
16	Jérome	f.	n.	de Scanti et de Rose	83
18	Jn. Jh. William	f.	n.	de Frédéric Maunder et Thirsa Basse	85
19	Jne. Toinette	f.	n.	de Jn. François et de Marguerite	86
19	Jn. Joseph	f.	n.	de Jean et de Miss	86
20	Jn. Louis	f.	n.	d'Alexis et de Marité	87
20	Jn. Joseph	f.	n.	de Jn. Ls. et de Réserve	87
21	Joseph	f.	n.	De Larose et de Me. Pierre	87
21	Jn. Fe.	f.	n.	de Fabien et de Rose	88
26	Jn. Bte. et Benoît Jumeaux	f. n.		de Julien Jeune et Méïsi Bouzi	91

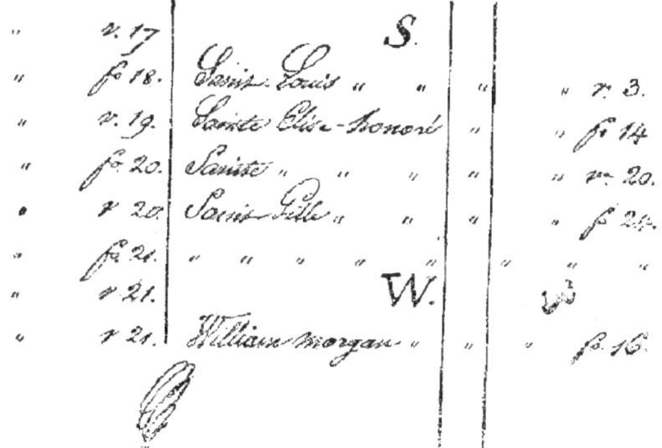

3e Expédition délivrée le
9 Juillet 1880 —
4e Expédition délivrée le
11 Mai 1881.

55

1ère Expédition délivrée le
23 Avril 1878
2e Expéd. le
9 Décembre 1878
à Sieur Joseph
Rivière, membre
[signatures]
Saint Maunder
M. J. de Fa[ubert]

Aujourd'hui le vingt sept Septembre mil huit cent cinquante deux, en quarante neuvième de l'Indépendance, et le quatrième du règne de Sa Majesté Impériale, à neuf heures et demie du matin, Par devant nous Hambrouck, Demeurant du Conseil des Notables de la paroisse du Port au Prince, remplissant les fonctions d'officier de l'état civil, Sont comparus monsieur Joseph Maunder, natif du Port au Prince, âgé de trente trois ans, Consul de Sa Majesté à Liverpool, demeurant en cette ville, fils de feu Frédéric Maunder et de la dame Joséphine Buffe, propriétaire, domiciliée en cette dite ville, laquelle annoté au présent d'une part. Et mademoiselle Françoise Marie Antoinette Célie de Faubert, native de Port au Prince âgée de vingt un ans, chevalise de la chapelle de Leurs Majestés, fille légitime de monsieur Pierre Faubert et de madame Marie Joséphine Lucéad, marquise de Rocheblanche, tous propriétaires, domiciliés en cette ville, consentant au présent à leur [...]. Lesquels nous ont aquis de procéder à la célébration du mariage projeté entre eux dont les publications ont eu lieu devant la porte d'entrée de Notre Hôtel, les dimanches vingt et douze Septembre courant, à huit heures du matin. Aucune opposition du dit mariage ne nous ayant été signifiée, fesant droit à leur réquisition après avoir donné lecture de tous les actes exigés par la loi, ainsi que du chapitre six de la loi-même sur du Code civil traitant du mariage, avons demandé au futur époux et à la future épouse, s'ils veulent se prendre pour mari et pour femme [...] d'eux

ayant répondu séparément et affirmativement déclarons au nom de la Loi que le sieur Joseph Maunder et mademoiselle Françoise Marie Antoinette Célie de Faubert sont unis par le mariage. Dont acte fait en présence de messieurs Samuel Maunder, frère de l'époux, propriétaire; Thomas Prosper Elie, négociant, Louis Dufrêne, grand maréchal de l'Empire et ministre de la guerre et de la marine, et Christophe D'Oyley Bready, vice-consul de Suède et de Norvège, tous les quatre majeurs, domiciliés au Port au Prince, lesquels, après lecture faite, ont signé avec nous le présent ainsi que les parties contractantes et leurs parents. Deux mots rayés, nuls et un renvoi en marge bon ___

Célie de Faubert
Samt Maunder — Jos. Maunder — Thos Elie
C. d'Oyley
M. J. de Faubat née Lacroix — Faubert
Dufrêne
Josephine de Maunder
Claire de Faubert
Bréhat Faubert
Jean [Rivière]

LÉGATION BRITANNIQUE

Port-au-Prince, le 2 mars 1881.

M. C. ARCHIN,

SECRÉTAIRE D'ÉTAT DES RELATIONS EXTÉRIEURES.

Monsieur le Secrétaire d'État,

J'ai l'honneur de vous accuser réception de votre dépêche d'hier, me transmettant cinq photographies des actes enregistrés dans les registres de l'état-civil, relatifs à la famille Maunder.

Ces photographies, accompagnées de la copie de votre dépêche, seront transmises sans faute à mon Gouvernement par la prochaine malle.

J'ai l'honneur d'être, etc.

R. STUART,

N° 46

—

RELATIONS EXTÉRIEURES

Port-au-Prince, 11 juin 1881.

M. LE MAJOR R. STUART,

MINISTRE DE S. M. BRITANNIQUE.

Monsieur le Ministre,

Le Gouvernement, désirant faire la lumière la plus complète sur l'affaire de Mᵐᵉ veuve Maunder, ne veut négliger aucun moyen d'arriver à un résultat aussi souhaitable. A cet effet, j'ai eu l'honneur de vous adresser une expédition authentique des actes de naissance de M. Maunder, et de l'acte de mariage de M. Joseph Maunder et de Mˡˡᵉ Célie Faubert, et enfin une copie certifiée de la loi du 30 octobre 1860 levant la prohibition du mariage entre Haïtien et Étranger.

J'ose espérer que vous voudrez bien user de réciprocité envers nous, en nous faisant parvenir un extrait de votre registre d'immatriculation constatant la date à laquelle M. Joseph Maunder s'est fait inscrire comme sujet de S. M. Britannique et une copie certifiée par vous de l'acte de mariage du même Joseph Maunder, actes qui doivent nécessairement se trouver dans vos archives si M. Maunder était sujet anglais.

Agréez, etc., etc., etc.

Le Secrétaire d'État des Relations Extérieures.

CH. LAFORESTRIE.

N° **47**

TRADUCTION.

LÉGATION BRITANNIQUE

Port-au-Prince, 13 juin 1881.

M. C. LAFORESTRIE,

SECRÉTAIRE D'ÉTAT AUX RELATIONS EXTÉRIEURES.

Monsieur le Secrétaire d'État,

En réponse à votre dépêche du 11 courant, j'ai l'honneur de vous remettre ci-inclus une copie certifiée de l'acte de mariage de Joseph Maunder et de Célie Faubert, extraite du Registre des mariages conservé dans ce bureau.

Dans les archives de ce bureau il y a un Registre des sujets anglais, remontant jusqu'à 1832, dans lequel se trouve le nom de « Joseph Maunder » commerçant du Port-au-Prince, né à Exeter : il n'y est donné aucune date ni aucun autre détail. Or, comme Exeter est en Angleterre, ce J. Maunder ne peut pas être le J. Maunder mentionné dans l'acte de mariage précité, qui était né au Port-au-Prince.

J'ai l'honneur d'être, etc.

R. STUART.

N° **47** bis

ANNEXE

TRADUCTION.

MARIAGE CÉLÉBRÉ A PORT-AU-PRINCE (HAÏTI).

1852 N°	DATE DU MARIAGE	NOM ET SURNOM	AGE	CONDITION	RANG OU PROFESSION	RÉSIDENCE A LA DATE DU MARIAGE	NOM ET SURNOM DU PÈRE	RANG OU PROFESSION DU PÈRE
3	Septembre 27. 1852.	Joseph MAUNDER.	33	Célibataire.	Négociant.	Port-au-Prince.	Frédérick MAUNDER	Mort.
		Marie - Françoise - Antoinette FAUBERT dite Célie de FAUBERT.	21	Fille.		do		

Mariés au Bureau du Consul selon les Rites et Cérémonies de l'Église établie, etc.

Ce mariage a été célébré (signé) Joseph Maunder. En présence de (signé) F. Faubert. **Signature illisible.**
entre nous : (signé) Célie de Faubert. nous : (signé) S. Maunder. N. Gérant du Consulat.

Nous, Robert Stuart, Consul général, résidant à Port-au-Prince, certifions que la présente est une copie fidèle du mariage de *Joseph Maunder* et de Célie de Faubert.

En foi de quoi avons apposé notre signature et notre sceau.
Ce onzième jour de juin 1881.

L.S.

(signé) R. STUART.
Consul général.

N° 48

RELATIONS EXTÉRIEURES

Port-au-Prince, 15 juin 1881.

M. LE MAJOR R. STUART,
  Ministre de S. M. Britannique.

Monsieur le Ministre,

Vous m'avez fait l'honneur de m'écrire, le 13 de ce mois, en réponse à ma lettre du 11 même mois, qu'il n'est pas fait mention du nom de M. Joseph Maunder sur les registres d'immatriculation tenus dans votre Légation.

J'étais persuadé d'avance qu'il ne pouvait en être autrement; car les actes de naissance dont je vous ai adressé des expéditions authentiques ne laissent plus subsister aucun doute sur la nationalité Haïtienne de Mme Maunder. Le silence de vos registres d'immatriculation, en prouvant que non seulement il n'existe aucune contrariété entre nos registres et les vôtres, mais qu'ils sont au contraire en complète concordance, met définitivement fin au débat qui dure depuis tant d'années entre nous. Il me paraît, en effet, impossible de supposer que, malgré la production d'actes authentiques, le Gouvernement de S. M. Britannique, puisse, en l'absence de la moindre preuve contraire, continuer à soutenir les prétentions inadmissibles de Mme Maunder.

Je me crois donc en droit de considérer le débat relatif à l'affaire de cette dame comme définitivement terminé et je me félicite vivement de ce résultat, car j'attache le plus haut prix à tout ce qui peut contribuer à l'affermissement des bonnes relations qui existent si heureusement entre nos deux pays.

Agréez, etc.

Le Secrétaire d'État des Relations Extérieures.
Ch. Laforestrie.

N° 49

Traduction

LÉGATION BRITANNIQUE

Port-au-Prince, le 16 juin 1881.

M. C. LAFORESTRIE,
  Secrétaire d'État aux Relations Extérieures.

Monsieur le Secrétaire d'État

J'ai l'honneur de vous accuser réception de votre dépêche d'hier, relative à la question de la nationalité de Mme Maunder, et aux documents ayant trait à cette question qui ont été fournis par votre Gouvernement.

Copies de tous ces documents ont été transmises sans délai au Gouvernement de Sa Majesté ; mais je n'ai encore reçu aucune réponse à leur sujet.

En notant les remarques qui concluent votre dépêche, je demande la permission d'exposer qu'en 1876, j'ai reçu pour instructions d'accorder à Mme Maunder la protection due à un sujet anglais : ces instructions restent toujours valables ; et je suis par conséquent toujours obligé de leur obéir.

Par la malle du 24 courant, je transmettrai une copie de cette récente correspondance au Gouvernement de Sa Majesté. La réponse peut, je pense, être attendue par la malle du 19 août.

J'ai l'honneur d'être, etc.

R. STUART.

N° 50

RELATIONS EXTÉRIEURES

Port-au-Prince, 14 février 1882.

M. LE MAJOR R. STUART,

   'Ministre de S. M. Britannique Port-au-Prince,

      Monsieur le Ministre,

Par votre lettre du 16 juin dernier, en réponse à celle de mon prédécesseur en date du 15 du même mois, vous objectiez en substance que vous aviez reçu en 1876 l'ordre d'accorder à la dame veuve Maunder la protection Britannique et qu'un tel ordre n'avait pas encore été rapporté.

Néanmoins, vous vouliez bien ajouter que la dernière correspondance échangée entre vous et mon Département au sujet de la nationalité de Mme Maunder, née Célie Faubert, avait été transmise au Foreign Office avec les pièces à l'appui, et que vous attendiez de votre Gouvernement, vers le 19 août écoulé, des instructions nouvelles.

Je crains bien, Monsieur le Ministre, qu'il n'y ait là quelque malentendu et je vous demanderai la permission de le dissiper.

En effet, votre lettre précitée du 16 juin tendait à laisser ouverte jusqu'à nouvel ordre, et malgré les preuves irréfragables fournies par nous, la question de la nationalité de Mme Maunder.

Mais vous ignoriez alors que le Ministre d'Haïti à Londres avait en conformité de ses instructions et pour clore la discussion sur ce sujet, démontré au Comte Granville par des textes irrécusables, catalogués au British-Museum,

14

que le prétendu mariage entre le sieur Frédéric Maunder et la demoiselle Joséphine Busso n'avait pu avoir lieu, et cela, d'après la législation Haïtienne qu'invoquait précisément la partie adverse.

Or le noble lord ayant, après ces explications et les preuves positives qui les accompagnaient, admis, sur notre demande, la clôture de la discussion, il serait inadmissible en droit, et mon Gouvernement ne saurait l'admettre, qu'une question qui a été définitivement close avec l'agrément même du Foreign Office, pût être laissée ouverte par suite d'une fin de non recevoir désormais sans objet possible.

Il est de la dernière évidence que le Gouvernement de S. M. B. ayant accueilli de bonne grâce et sans l'ombre d'une objection les preuves légales que nous avons eu l'honneur de lui fournir directement sur la nationalité de Mme Joseph Maunder, la difficulté se trouve résolue à notre mutuelle satisfaction.

Il n'y a plus lieu, par conséquent, d'attendre, par votre intermédiaire obligeant, une solution que notre Représentant à Londres a obtenue depuis longtemps déjà, ainsi qu'il ressort pleinement de sa lettre du 4 juin dernier au Comte Granville et surtout de la réponse finale de Sa Seigneurie en date du 10 juin, que votre lettre du 16 juin, écrite dans l'ignorance de cet heureux résultat, ne saurait d'ailleurs infirmer.

J'ai l'honneur de vous adresser copie de ces deux pièces, bien convaincu que la présente communication, dont vous voudrez bien, je l'espère reconnaître le caractère tout amical, suffira pour lever, s'ils existaient encore, les scrupules dont vous vouliez bien me faire part, il y a plus de sept mois et sans qu'il me soit nécessaire de renouveler ici les réserves de mon Gouvernement contre la protection qui a été accordée à une Haïtienne, par une erreur désormais démontrée et qui provient sans doute d'une confusion entre le Joseph Maunder d'Exeter et celui de Port-au-Prince.

J'ai l'honneur, M. le Ministre, de vous prier d'agréer les assurances de ma haute considération.

DAMIER.

N° 51

Traduction

LÉGATION BRITANNIQUE

Port-au-Prince, 15 février 1882.

MONSIEUR LE GÉNÉRAL DAMIER,

SECRÉTAIRE D'ÉTAT DES RELATIONS EXTÉRIEURES.

Monsieur le Secrétaire d'État,

J'ai l'honneur d'accuser réception de votre communication d'hier par laquelle vous me transmettez :

1° Copie d'une lettre en date du 4 juin 1881, de M. C. Villevaleix, Chargé d'Affaires d'Haïti à Londres, à Lord Granville, Secrétaire d'État de Sa Majesté pour les Affaires Étrangères, et transmettant pour l'information de Sa Seigneurie et dans le but de clore la discussion sur l'état-civil de Mme Maunder, un extrait certifié du rapport présenté à la Chambre Haïtienne des Représentants en 1859 par M. V. Lizaire, député, sur la législation d'une date antérieure à la loi de Geffrard, qui autorise le mariage entre Haïtiens et Étrangers et abroge toutes dispositions précédentes qui lui sont contraires ;

2° Copie dudit extrait, qui est emprunté au *Moniteur haïtien* du 19 novembre 1859.

3° Copie de la loi de Geffrard susmentionnée, datée du 30 octobre 1860.

J'ai l'honneur de déclarer que j'ai attentivement examiné ces pièces, ainsi que les observations que vous faites à leur sujet dans votre dépêche d'hier qui me les transmet ; et en réponse je pense qu'il vaut mieux me renfermer dans les termes employés par le Secrétaire d'État de Sa Majesté dans sa lettre du 10 juin 1881 en réponse à la lettre de M. Villevaleix du 4 du même mois, en conformité de laquelle je prends ici la liberté de déclarer que j'ai l'honneur d'accuser réception de votre communication du 14 courant, me transmettant en copies les pièces susmentionnées, marqués 1, 2 et 3, pour mon information et dans le but de clore la discussion sur l'état-civil de Mme Maunder.

J'ai l'honneur d'être etc.

R. STUART.

SUPPLÉMENT

N° 52
—

LIBERTÉ. — ÉGALITÉ. — FRATERNITÉ

RÉPUBLIQUE D'HAITI

Aujourd'hui vendredi trois mars mil huit cent quatre-vingt-deux à onze heures vingt minutes du matin,

Nous, A. Dyer, Doyen du Tribunal civil de Port-au-Prince, Pétion Chassagne, substitut du Commissaire du Gouvernement près ledit tribunal, Julien-Edouard Héraux, directeur principal de l'enregistrement et conservateur des hypothèques de la juridiction de Port-au-Prince, Jules Saint-Macary, premier conseiller remplissant les fonctions de Magistrat Communal de Port-au-Prince, et Sincère Desrouleaux, juge de paix de la section sud de la capitale, formant, sous la présidence de M. le Doyen du Tribunal civil, la Commission instituée par le Gouvernement aux fins d'enquérir sur l'existence d'un certificat en date du dix-neuf février mil huit cent quatre-vingt, attribué à M. Aimé, directeur des archives de la République, lequel certificat constate qu'il n'existe au registre des actes de naissance de mil huit cent vingt-trois, aucun acte de naissance de Jean-Joseph William, fils de Frédéric Maunder, inscrit le dix-huit avril mil huit cent vingt-trois.

Sommes rendus au bureau des Archives sis en cette ville, rue de l'Égalité, dans le voisinage du Palais National, où nous avons trouvé M. Aimé, ci-dessus désigné.

Après lui avoir donné connaissance du motif de notre transport, il nous a déclaré qu'il était à notre disposition pour tous les renseignements pour lesquels nous pourrions avoir besoin de lui.

A cet effet, pour constater son identité, nous lui avons demandé ses nom, prénoms, âge, profession et le lieu de son domicile.

Lequel a répondu se nommer Pierre-Louis Aimé, âgé de soixante-dix ans, Directeur des Archives de la République et domicilié à Port-au-Prince.

Nous lui avons alors demandé s'il se souvenait avoir délivré le vingt-trois novembre mil huit cent soixante-dix-huit, une copie de l'acte de naissance de Jean-Joseph William, fils naturel de Frédéric Maunder et de Joséphine Buss, extrait du registre des actes de naissance de l'état-civil de la commune de Port-au-Prince, de l'année mil huit cent vingt-trois ?

A répondu : Oui, c'est réel, j'en ai délivré quatre.

Nous lui avons alors demandé comment il se fait qu'après avoir délivré copies de l'acte de naissance sus-parlé, il ait pu délivrer un certificat sous la date du dix-neuf février mil huit cent quatre-vingt, constatant qu'aucun acte de naissance de Jean-Joseph William, inscrit le dix-huit avril mil huit cent vingt-trois, n'existe sur le registre de l'état-civil de la même année ?

A répondu : Je déclare avoir délivré à l'un des fils Maunder, le dix-neuf février mil huit cent quatre-vingt, un certificat constatant que le registre de l'état-civil où se trouve inscrit l'acte de naissance de Jean-Joseph William Maunder n'était pas en ma possession.

Interrogé : Par qui ce certificat a-t-il été rédigé ?

A répondu : Par M. Damesle, l'un de mes employés, décédé vers la fin de l'année dernière.

Ici la Commission a exhibé à M. Aimé la copie d'un certificat daté du dix-neuf février mil huit cent quatre-vingt par lui délivré et lui a demandé de déclarer si c'est bien celui qu'il dit avoir donné à l'un des fils Maunder.

M. Aimé a répondu qu'il n'a jamais délivré de certificat dans le sens de celui dont la copie lui est communiquée : que ce certificat est faux et que sa signature a été sans nul doute contrefaite.

Interrogé : Pouvez-vous nous affirmer sous serment que ce que vous dites est l'exacte vérité ?

A répondu : Oui, et en même temps M. Aimé a juré devant Dieu et devant les hommes qu'il n'a jamais délivré un certificat pareil à celui dont la teneur suit :

« Je soussigné, Directeur des Archives générales de la République, je déclare que dans le » registre authentique de l'état-civil des naissances de la commune de Port-au-Prince pour » l'année 1823, il n'y a aucun acte de naissance de Jean-Joseph William, dit fils de feu » Frédéric Maunder et dit avoir été enregistré le 18 avril 1823.

« Je déclare, en outre, que dans ce dit registre il n'y a aucun acte de naissance quelconque » enregistré le 18 avril 1823. Port-au-Prince, le 19 février 1880. Le directeur etc. (signé) » Aimé. »

Interrogé : N'avez-vous pas offert ou fait offrir à Mme Maunder, par l'entremise de quelqu'un, le douze avril 1880, de lui remettre ou de détruire, à son choix, un prétendu registre de l'année mil huit cent vingt-trois, plus ou moins lacéré, mais qui contenait avec une altération de date, l'acte de naissance de Jean-Joseph William, fils naturel de Frédéric Maunder et de Joséphine Buss ?

A répondu : Je n'ai jamais fait une telle offre à Mme Maunder, ni à aucune personne concernant cette dame.

Interrogé : Pouvez-vous affirmer cette réponse sous la foi du serment ?

A répondu : Oui, et il a juré devant Dieu et devant les hommes que ce qu'il vient de dire est la vérité.

Interrogé : Est-ce que vous vous rappelez avoir montré le mardi treize avril mil huit cent quatre-vingt, au major Stuart, Ministre Résident de S. M. Britannique à Port-au-Prince, ainsi qu'à l'un des fils Maunder, un registre authentique de l'année mil huit cent vingt-trois, qui ne contenait pas l'acte de naissance de Jean-Joseph William, fils de Frédéric Maunder et de Joséphine Busse ?

A répondu : Je soutiens et j'affirme que le registre que j'ai présenté au major Stuart et à l'un des fils Maunder, le mardi treize avril 1880, *contenait l'acte de naissance de Jean-Joseph William*, fils naturel de Frédéric Maunder et de Joséphine Busse, et que, de plus, il ne m'a pas été difficile de montrer cet acte à ces Messieurs, parce que la page où il est inscrit était marquée.

Plus n'a été demandé à M. le Directeur des Archives. Lecture à lui faite de tout ce que dessus il déclare que c'est l'exacte vérité. Requis de signer, il l'a fait avec nous et M. Martial Delva, employé principal au Département des Relations Extérieures qui a tenu la plume. Deux mots rayés nuls et un renvoi en marge bon.

Signé : AIMÉ, S. DESROULEAUX, JULES SAINT-MACARY, HÉRAUX, P. CHASSAGNE, A. DYER, M. DELVA.

N° 53

LIBERTÉ — ÉGALITÉ — FRATERNITÉ

RÉPUBLIQUE D'HAITI

Aujourd'hui mercredi, quinzième jour du mois de mars mil huit cent quatre-vingt-deux, à dix heures du matin,

Nous, A. Dyer, Doyen du Tribunal Civil du Port-au-Prince, Pétion Chassagne, substitut du Commissaire du Gouvernement près ledit tribunal, Julien-Édouard Héraux, directeur principal de l'enregistrement et conservateur des hypothèques de la juridiction de Port-au-Prince, Jules Saint-Macary, Premier Conseiller remplissant les fonctions de Magistrat Communal de Port-au-Prince, et Sincère Desrouieaux, juge de paix de la section Sud de la capitale, formant, sous la présidence de M. le Doyen du Tribunal civil, la commission d'enquête aux Archives générales de la République,

Sommes rendus au bureau des Archives, sis en cette ville, rue de l'Égalité, où nous avons trouvé M. Aimé, directeur des Archives générales de la République.

Après lui avoir donné connaissance du motif de notre transport, il nous a déclaré qu'il était disposé à nous procurer tous les renseignements que nous pourrions avoir besoin de lui.

A cet effet et pour constater son identité, nous lui avons demandé ses nom, prénoms, âge, profession et le lieu de son domicile.

Lequel a répondu qu'il se nomme Pierre-Louis Aimé, âgé de soixante-dix ans, directeur des Archives générales de la République, et domicilié à Port-au-Prince.

Interrogé. — Veuillez nous dire si vous savez où se trouve actuellement le registre des actes de naissance de la commune de Port-au-Prince pour l'année mil huit cent vingt-trois?

A répondu. — Ce registre est déposé à la Trésorerie générale où il a été transporté par M. C. Archin, alors ministre de la Justice, de l'Instruction publique et des Cultes, et M. J.-J. Audain, qui était à cette époque trésorier général, après avoir obtenu de moi l'extrait de naissance de Jean-Joseph-William, fils naturel de Frédéric Maunder et de Joséphine Basse, lequel extrait a été tiré du même registre transporté et déposé au Trésor général.

Interrogé. — Est-il à votre connaissance qu'on avait cherché à faire disparaître ce registre?

A répondu. — Ce fait n'est pas à ma connaissance.

Interrogé. — Pouvez-vous nous dire pour quel motif le registre en question a été transporté et déposé au Trésor général?

A répondu. — Je ne connais pas le motif pour lequel cette mesure a été prise.

Interrogé. — N'avez-vous pas été une fois demandé par Mme Maunder qui ne pouvait se transporter dans votre bureau?

A répondu. — Une fois j'ai été demandé par Mme Maunder qui, d'après son envoyé, avait besoin de me voir et de s'expliquer avec moi pour une expédition de l'acte de naissance de Jean-Joseph-William Maunder que je lui avais délivré, mais je ne me suis pas rendu à son appel.

Plus n'a été demandé. Lecture faite à M. Aimé de tout ce qui a été dit ci-dessus, il déclare avoir parlé vérité. Requis de signer, il l'a fait avec nous, ainsi que M. Martial Delva, employé principal au Département des Relations Extérieures, qui a tenu la plume en qualité de secrétaire.

Ainsi signé : Aimé. Héraux, Jules Sainy-Macany, P. Chass Dagne, S. esr Ouleaux, M. Delva, A. Dyer.

PARIS. — IMPRIMERIE CHAIX, 20, RUE BERGÈRE, PRÈS DU BOULEVARD MONTMARTRE. — 13270-2.